仮設住宅で

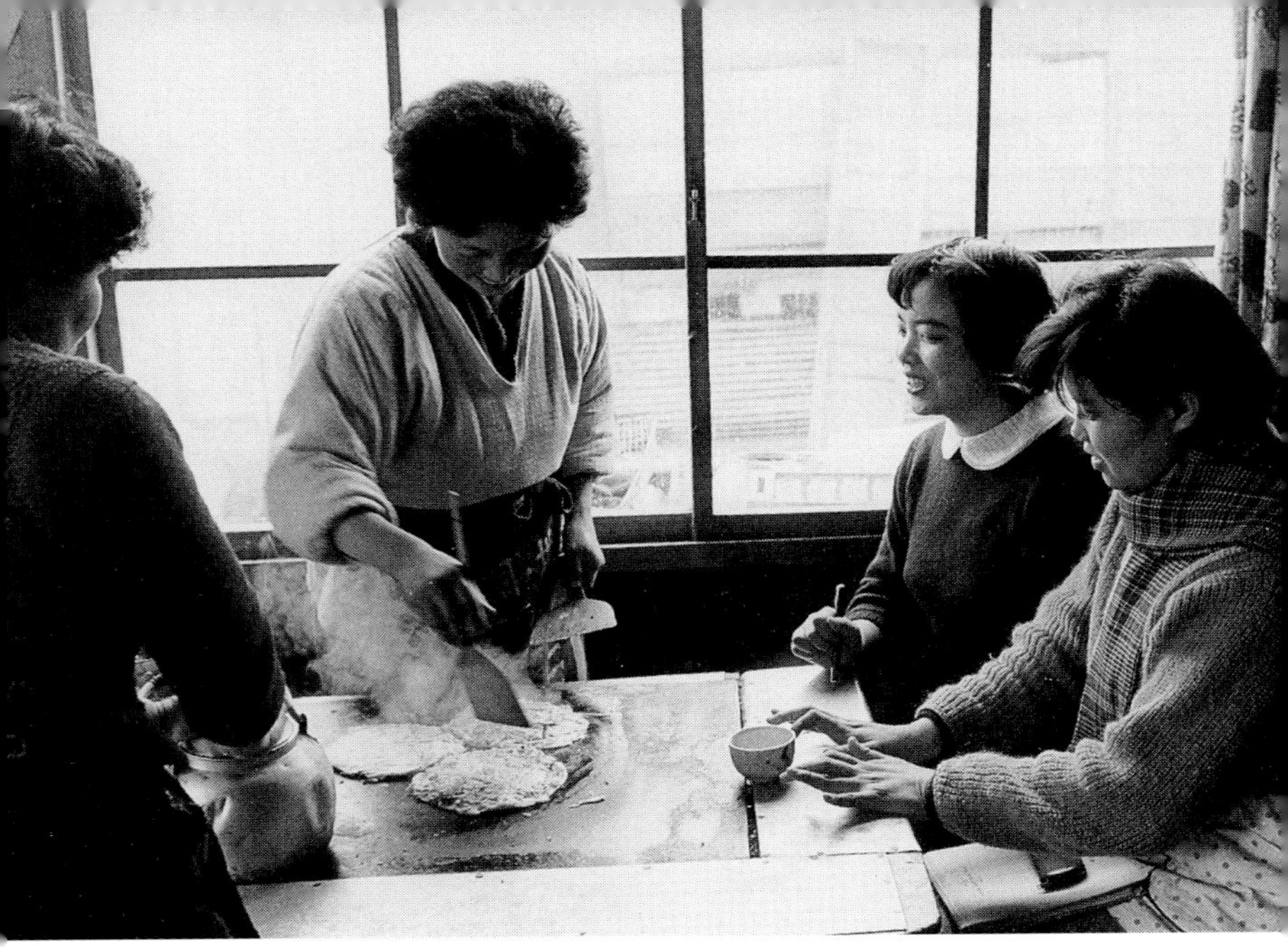

住宅の中のおこのみ焼き屋さん

ヤジエセツルメント保育所と周辺

左　河本ふじ江さん　右　原田嘉美子さん

ヤジエ列車の出発でーす　先頭は土方弘子さん

みんなで砂場づくり

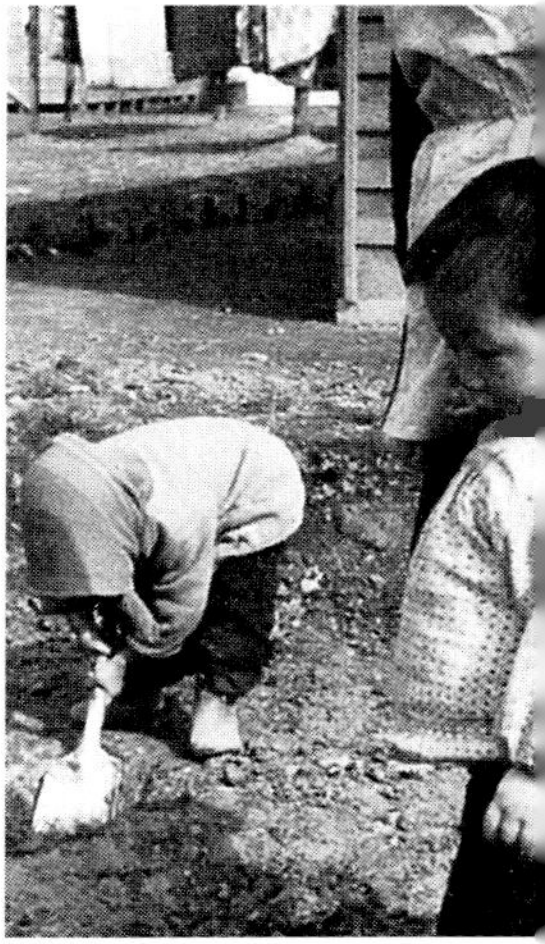

中ブタ組の子どもたちといっしょに

ただひとつの暖房具だった寄贈の七輪

苦しかった頃——床の上で新聞紙の食

おめかしして名古屋港見物へ

救援物資でお古の机やいすも整いました

すきま風が吹き込む部屋では、すもうをとるのが一番の遊び

お母さんたちも見学する中、ひなまつりで踊る子どもたち

セツルメントの事務所で教材づくり

レンガの子ども

河本ふじ江
Kawamoto Fujie

原田嘉美子
Harada Kamiko

ひとなる書房
HITONARU SHOBO

序にかえて　『レンガの子ども』の再版を祝す
――その歴史的価値と今日的意義――

宍戸健夫

1　時代背景と『レンガの子ども』

もう五十年も前のことになります。

大型の台風が伊勢湾を北上、高潮と重なって、名古屋南部をすっかり荒海に変えてしまい、これまでにない大きな被害をもたらしました。一九五九（昭和三四）年九月のことです。

私は、その年の四月、東京から名古屋の大学に着任したばかりでした。学生たちといっしょに救援活動をしたことが昨日のように思い出されます。

残された学校や公共施設が、応急の避難所となり、やがて、仮設住宅が建てられるようになり、そこでも学生たちのボランティア活動が展開されます。

弥次衛町の仮設住宅では学生たちの手によって、ヤジエ・セツルメント保育所（以下、ヤジエ保育所と略す）がつくられました。『レンガの子ども』はその実践の記録です。ずいぶん昔の保育実践であり、しかも、異常な体験とその後の生活の中で、心の安定をすっかり失なってしまった子どもたちととりくんだ保育実践です。それが、今日、あらためて再版されるのは、なぜなのか、疑問に思われるかもしれません。

しかし、今日の子どもたちの生活は、ずっと豊かになってきているように見えながら、けっして心身ともに健全なものとはいえず、むしろ、きびしくなり、保育者のとまどいも多くなってきています。

そうしたなかで、改めて『レンガの子ども』を読むことで、どんな困難ななかでも、あるいは困難だからこそ、子どもとともに困難に立ち向かうことができるし、子どもとの信頼関係をつくっていくことができるということをつかんでほしいと思います。

2 ヤジエ・セツルメント保育所の誕生

弥次衛町の仮設住宅内で、臨時の保育所が、養鶏所の旧事務所（十二坪程度）を利用してはじまったのは、一九五九年十二月末のことでした。三歳の坊やが仮設住宅内の事故で急死したことがきっかけでした。

保育所が学生たちの手で始められたものの、ものめずらしさも加わって、六十人も集まってきた子どもたちに対してどうしていいかわかりませんでした。救援物資によるオモチャも、みんなで遊ぶのではなく、オモチャのとりあいでくちゃくちゃにされてしまいました。

学生たちは、専門の保育者に応援を頼んでみたものの、手に負えるものではないと断わられてしまうほどでした。

そこで、救援物資を送ってくれていた東京保育問題研究会に保育者の派遣を要請することになります。空襲の焼け跡の中から保育所づくりを体験してきた、東京のベテランの保育者たちであればやってくれるだろうという期待がありました。

一ヵ月の期限つきで、及川嘉美子（後の原田）さんを送り出してくれたのは豊川保育園でした。このとき及川さんは二十五歳。若い保育者がはたしてやれるだろうかという不安がありました。とにかく、及川さんは子どものエネルギーを縄を使った電車ごっこや砂場づくりに向けたりして、一ヵ月でしたががんばってくれました。

及川さんに替わって緑の家保育園から派遣されてきたのは難波ふじ江（後の河本）さんでした。難波さんも及川さんと同じ二十五歳でした。難波さんは四月のはじめに来名して、七月まで四ヵ月間がんばってくれたのですが、病気で寝込んでしまいました。

学生たちは協力してくれるのですが、毎日入れ替わりの交替制です。どうしても、もう一人の専任の保育者が必要でした。難波さんは「及川さんに帰ってきてほしい。二人で力を合わせればなんとかやれるのではないか」と学生たちと相談。及川さんに再度の来名をお願いすることになったのです。

3　保育実践の展開――『レンガの子ども』の創造性

及川さんが豊川保育園を退職してもどってきてくれたのは、一九六〇年八月十日。ヤジエ保育所が二月に発足してから七ヵ月がたっています。ここから及川さん、難波さん、それに週二日でしたが、日本福祉大学研究室から土方弘子さんがこれまでと同様に参加してくれることで、三人の専任体制ができて、これから二年間の本格的な保育実践が展開されることになります。

しかし、ヤジエ保育所は、三十人から四十人ほどの子どもたちが常時来てくれていましたが、その物的条件はきわめて貧しいものがあり、どうしたらもっと保育設備、保育教材を充実させ、保育内容を豊かなものにしていけるかは最大の課題でした。

そのためにとった保育方法は、貧しさを逆手にとって、子どもたちの要求をひきだし、どうしたらいいかを話しあい、考えさせ、みんなでその要求実現にむけて、協力していこうという意欲をひきだすことでした。

土方康夫氏は「『レンガの子ども』の創造性」（名古屋保育問題研究会編『レンガの子ども』所収）という論文を書いています。その中で、実践例「運動会　うんどうかい　ウンドウカイ」（本書七一ページ参照）をとりあげて、次のように述べています。

「このように私たちは障害にはむかう中でこそ、自分を成長させ、自分を成長させる中でこそ、障害をうちやぶり、さらに次のより根の深い障害にぶつかります。こうした果しのない循環の中で私たちは力を身につけることができるし、この循環の路線に子どもたちの身を置くことが教育のいとなみだと思います」（二四八頁）

ここでいう「障害」というのは「貧しさ」から生まれる要求実現にむけての障害つまり困難という意味です。小学校の運動会を見学した子どもたちは、「面白かった」「（自分たちも）やりたい」と口々に言います。それでは、どこで運動会がやれるのか。どこも「障害」だらけです。それなら「保育園の前」の「みずたまり」をなくして、運動会をやれる広場にしようとスコップを借りてきて、みんなでとりくみ、みごとな広場にしてしまい、楽しい運動会を実現させるのです。「貧困の中の放任で培われた粗野な創造性は、正しい路線にのせられてみごとに開花した」（土方康夫）のです。

ここまでヤジエの子どもたちを開花させるのには、集団生活の最低のきまりを守らせるための忍耐づよい説得や話しあい、ときには、やむをえない非常手段「ぶんなぐり」などの紆余曲折のあったこともつけ加えておかなければならないでしょう。

おわりに――父母との連携

浦辺史氏は「保育運動からみた『レンガの子ども』」（名古屋保育問題研究会編『レンガの子ども』所収）の中で、「たしかにヤジエ保育所は、スラムの子どもたちに創造的な保育方法を開拓したものとして、日本の保育史上に記録されるべきものがある」と評価するとともに、もう一つ大事なことを指摘しています。

それは、父母たちとの連携ということです。

「また、（父母との）連絡帳をつけとおしたなみなみならぬ努力、そのことによって多忙な母親たちの潜在化している教育要求をひきだし、保育所への関心をたかめ、みずからものを書き、集団思考をとおして社会的自覚をよびさました生活綴方的教育方法による母親教育の実践をこころみたのであった。」（三頁）

この浦辺氏の指摘は、ヤジエ保育所の実践を支える土台づくりが、子どもへの保育と平行して行われていたことを高く評価すると同時に、この土台なしには、保育実践の成功もありえなかったことを指摘するものでした。

このことも、現代の保育実践での大きな課題であることは言うまでもないでしょう。

もくじ　レンガの子ども

第2章　「レンガの子ども」の実践……49

装幀／山田道弘

第1章

「レンガの子ども」の誕生

今年（二〇〇九年）五月二十二日から「濁流の記憶　伊勢湾台風から50年」というシリーズを中日新聞が報道をはじめました。まずは、災害を直接受けた方たちの声をとりあげて連載しています。語っている方たちの多くはすでに七五歳以上の高齢者です。半世紀過ぎても忘れられない惨状、濁流の中でわが子とつないだ手が離れ、泥水に飲み込まれていった記憶は消そうにも消せないのです。

この日常がひきさかれた日のことを読みながら、災害地での保育活動を若い保育者に伝えておかなければと、絶版になった『レンガの子ども』をひっぱりだしました。ボロボロの表紙、セピア色になったページをめくり、私たち二人が青春をかけた五十年前にタイムスリップしながら、伝えたい実践をまとめてみました。

空前の台風被害

一九五九（昭和三十四）年九月二十六日、東海地方を襲った伊勢湾台風は、名古屋市の南区、港区、中川区を中心にすべて水没させ、日本の地図を塗り替えてしまったのです。五千人余の死者、四万家屋の倒壊、家を失い家族を失った人たちは水の引かないぬかるみの中での生活を余儀なくされ、食べ物も日用品も不十分で、死臭の漂う地域での暮らしでした。その日のことを、ある母親は次のように話しています（「レンガの子ども　伊勢湾台風の記―母親特集号―」より）。

あすのために　私の台風体験記（抜粋）

山本　きみ子（三二歳）

あの時の悲惨な体験を書くために、再びここに想い出をあらたにしなければならないことは、私にとって最大の苦痛です。それは、追憶をくり返すことによって、あの時のあの悲しみのどん底に、再び直面している様な錯覚におちいってしまうからです。

九月二十六日！　その日をどうして忘れることができるでしょう！

いつものように朝六時頃目をさましました。前夜、床につく前に聴いたラジオの天気予報「台風十六号接近」が心配で、起きるとすぐ、廊下の雨戸を開けました。パッとさし込む朝日――これはどうしたということでしょう。やれやれと胸をなでおろしながら「また天気予報にだまされたかな？」と思い、朝餉の仕度にとりかかりました。

私の家は二階建ての家でしたが、お二階は別の世帯で、ほかの方が住んでおられました。高校に在学中の長男、その春中学を卒業し就職したばかりの次男、小学校三年生の女の子、それにお勤めに行かれるその子たちのお母さんと、四人家族でした。

「お早うございます。どーお、このお天気？　これでも台風が近づいてきているというんだけれど――全くこの頃の天気予報も、当てにならないわね」

「でもわからないわ、嵐の前の静けさってことがあるでしょ」

こんな軽い気持ちで、朝のあいさつを交わしていました。

朝洗って干した「オムツ」の、まだ乾ききらないうちに、とうとうお天気が崩れ、雨が振りだしました。ラジオも、台風の危険性を刻々と報じてまいります。となり近所では、しきりに雨戸や玄関の戸に板をトントン打ちはじめました。四時頃、主人が帰って来ました。さっそく我が家でも、がんじょうな板を何枚も打ちつけ、雨戸は釘づけして、はずれぬようにいたしました。

その当時、（私たちの子ども）明ちゃんは六歳と五ヵ月、映子ちゃんは一歳と九ヵ月、淳子ちゃんは産まれて間もない四ヵ月でした。そんな子どもたちには、まだなにもわからず、その珍しい出来事がただおもしろく家の中を走りまわっていました。

「おじさん、表の方の板が飛んでしまったよ！」

二階の子がそう叫んでいます。最初に打ちつけた玄関の板が、激しい風のため飛んでしまいました。また、それを打ちなおしているようです。「済んだら早くご飯にしましょうね。電気の消えない内に食べてしまわないと……」。

バッタン！　菓子屋さんの看板でも落ちたのだろうか、大きな音をたて、なにかが落ちた音。

バリバリバリ！　トタンがはがれて飛んでいく音がする。その音がまたたまらなく無気味に聞こえてまいります。ようやくにして、食事を済ませ、一段落したとたんに電気が消えました。ローソクをともし、そのまわりに子どもたちを座らせましたが、電気も消えてしまうと心細さもまた格別――。

避難する時の着がえの衣類を、まとめなければならないのですが、それすら手につかないのです。でもそうしてはおれません。家中の者の一通りの着がえの衣類を出してまとめ、ビニールの袋に入れ、もう一つの袋には、淳子ちゃんの「オムツ」を入れ、応急手当のできる程度の医療品もつめました。我が家の主要書類、印、現金を別の小さい袋に入れ、それを医療品の入っている袋に収めました。後で考えると、書類やお金の入った小さい袋だけは、体につけておけばよかったと思うのですが……。

二階の人達も着がえの衣類なのでしょう、大きな包みを二つもさげて、おりてこられました。「おじゃまさせてね、二階にはとてもいられないわ、恐ろしくて」。

バタン！　大きな音と共に、室の中のローソクが消えました。あんなにしっかり釘づけされた雨戸が倒れたのです。「たいへんだ。みんなしっかり雨戸を持って！」そう言いながら、主人は内側から釘を打ち、裏へ出て、また二重に打ちつけました。

たしか七時半頃だったと思います。風雨はますます激しくなるばかり――。ギイーギイーという無気味な音と共に、ちょうど船にでも乗っているように体がゆれる。障子の立っている上敷居をジーッと見つめていると、それが左右にゆれているのがよくわかるのです。その気持ちの悪いこと――身の毛もよだつ思いでした。

「これではあぶない！　みんな、避難しよう！」主人が言いだしました。

「でも、避難すると言ったって、この強い風や雨では、赤ちゃんをどうしてつれてゆくの？殺してしまうわ」カワラが飛び、看板などが木の葉のように飛んでいる中を、どうして避難できるでしょう。私は必死でした。

「でも、このままでは、今にこの家まで倒れるじゃないか。危ない、行こう！　行くんだ、避難するんだ！」主人も必死でした。

「ちょっと待て！　となりの家に行って様子を見てくる」

しばらくすると、主人が戻ってきました。

「こちらの方が、まだしっかりしているから、来るようにだって。さあ、みんな行こう」

主人の照らしてくれる懐中電灯にみちびかれ、となりの家までの避難が、何千里でした。行ってみると、座敷にはフトンを包む大風呂敷が室一杯にしかれ、その上にみんな集まって座っています。今までの心細さはどこへやら、大勢の人の中で、子どもたちも大喜び——。

（そこに）「早く来てくれ、二階の壁が落ちたんだ！」と、ここの主人の叫んでいる声が、聞こえてくるのです。

その声におとなたちは、みんなあがって行きました。

その時、ピカッ！　と電光が目を射ると同時に、ゴーッ！　と地震で家が崩れるような、ものすごい音がしました。見ると表通りの雨戸もガラス障子も、みな倒れています。私は思わず「たいへん！　早く降りて来て！」と叫びました。「どうしたんだ！」「どうしたの！」みんなが驚いて飛び降りて来ました。

今考えてみると、すでにその時は、堤防が決壊して、津波が押し寄せていたのですが、二階から降りて来た人も、まさか堤防が決壊したとは気づきません。倒れた戸をたてるのに懸命です。と、主人が大きな声で、「水が来たぞ！　逃げんるんだ！　早く！　早く！」すぐ床下まで来ている水に、気がついたらしいのです。

淳子ちゃんを抱いたまま立ちました。明ちゃんや映子ちゃんは？　と探しました。主人がもう、映子ちゃんをおぶっています。私は、淳子ちゃんをおんぶしようと、帯を探したのですが、すでに帯や持って来た荷物は、水の中に没し、何も見当がつきません。せめて、書類の入っている袋だけでも、と思ったのですが、その余裕すらありませんでした。

刻々と増していく水の中で、泣き叫ぶ子ら――我が子、我が妻、我が夫と、肉親を呼び合う声！

「逃げるんだ！　早く早く！」

「あぶない！　外へ行ったらいかんぞ！　二階へあがるんだ、二階へ！」

主人の、「家、家、家へ行こう！」という声に、（そうだ、よその勝手のわからない二階へ、迷いながらあがるよりも、まっすぐ家へ行った方が、早いかもしれない）と考えなおし、主人より一足遅れ、ついて出ようとした時、誰かが「天井が落ちる！」と叫びました。

それは、天井が落ちるのではなく、タタミが浮きはじめ、天井との距離が近くなったためなのですが、それを考えるだけの、余裕もありません。すでに、腹の辺りまで水が来ているのです。あわてて出ようとして、廊下から一段下の庭へ降りなければならなかったのですが、一面の水でその境の見当がつかず、そこで淳子ちゃんを抱いたまま転んでしまいましたが、下へ降りて胸まで来る水の中では、もはや足をさらわれ、起きるに起きられません。

水を何度ものみながら、助けを求めました。淳子ちゃんも、水の中へいくたび入れたことでしょう。苦しいので、「ウッウッウッ」と、声も出ません。浮きつ沈みつでは、思うように助けの声も出ません。だんだん増していく水の中で、（ああ、もうこれで、おしまいなのだろうか）と思った時のさびしさは、なんと説明したらいいのでしょう。

激しい風雨をついて、必死の叫びが主人にとどいたのか、後戻りしてくれました。けれども背中に映子ちゃん、そして腕には明ちゃんを抱いているため、手を差しのばしてくれることができません。腰のバンドにつかまり、やっとの思いで立ち上がることができました。それから、どうして家の裏まで行ったのか、わかりません。

口まで来る水の中を、「もうダメ！　もうダメ！」「しっかり！　しっかり！　がんばるんだ！もうすぐだぞ」

そうして、やっとの思いで裏までたどりつきました。二階の人もいっしょです。

さて、戸を開けようとするのですが、開きません。がんじょうに釘づけされた水の中の雨戸は、たたこうが、ひっぱろうが、開くはずはありません。ようしゃなく水は増していきます。首、口、ハナ……子どもたちは恐ろしさに、オロオロ泣きます。

「泣くんじゃない、お母ちゃんやお父ちゃんが、いっしょにいるんだから……」そう叫びながらも、（ああ、これで戸が開かなければ、もうしまいなのか）そう思うと、涙がとめどなく出てまいりました。

「ああ、もうダメ！　もうダメだ！」と言った時です。今まで、あれだけ開かなかった戸が、パッと倒れました。主人が、雨戸とガラス戸を一度にけり破ったのです。

生に対する人間の偉大な力――それは、人間わざとは思えるものではありません。

そこから、あの長い廻り廊下を、どうやって通って二階へあがったのでしょう。今なお、不思議の一つです。とにかく、上にあがるなり、ハシゴが浮いてしまいました。

主人が背中におぶっている映子ちゃんをおろそうとしているのを見て、びっくりしてしまいました。前後反対におぶっているのです。あのタタミの上にしかれた大風呂敷で、ちょうど包むように――。

そうしている間にも、水魔は二階までおしよせてまいりました。主人や二階の奥さんは、壁の落ちたところや、風の入るところを防ぐのに懸命です。私は、子どもたちを自分の前に座らせましたが、子どもたちは、あまりの恐ろしさに、ただ「恐い！　恐い！」と泣き叫ぶだけです。

船のようにゆれる家――そして再び、二階のタタミも浮きはじめました。もうこれ以上は天命を待つより道はありません。どこへ逃げることができるというのでしょう。

一畳ばかりの押入にみんなあがりました。明ちゃん、映子ちゃん、淳子ちゃんに私。それに二階の奥さんと末っ子の女の子。主人は押入の前にじっと立っています。真っ暗の中に、ただ不気味な水が、時々キラキラするだけです。

風雨は、ますます強くなっていくばかり……。遠くの方で、オーイ、オーイと呼ぶ声がする。あちらからも、こちらからも……そして近くを「助けてくれ！」という、悲痛な声が流れていく。けれども、どうすることもできません。

棚の上にあったマッチをすってみました。まだまだ水は増す一方です。

それからどのくらいの時間がたったのでしょう。再び灯をともしてみると、「あっ！　引いた！」ほんのわずかでしたが、その時のうれしさを、一生忘れることができません。

水は一度引きはじめると、目に見えて引いていきました。もう少し増していたなら、きっとこの家もひっくりかえっていたことだろうと思うと、体がふるえてまいります。

となり組の班長さんが、屋根伝いに安否を尋ねにまわってこられました。

「山本さん、みんな無事だったですか。渥美さん、お宅のお兄ちゃん二人とも、私の家にみえますから安心してください」と声をかけてくださいました。

ああ、よかった。これでみんな無事だったと思うと、全身から力が抜けていくような気がして、どっと涙がこみあげてまいりました。

つい先程までの、あの恐ろしい出来事のあったとは、思えないほどの静かな夜が訪れました。ただ時々忘れたように強い風が戸をたたいて過ぎていきます。

みんな座ったまま、眠ることになりました。

それにしても同じ土地に住む、主人の弟たち一家は、どうしているだろう。家も平屋だし、近所に二階建ての家もないようだったけれど、みんな無事に逃げていてくれれば……と、そんなことを考えると、とても眠ることができません。なにも見えない真っ暗な闇の中に、目だけがさえていきます。オーイ！　と遠くの方で、まだだれか叫んでいる。まだ探し続けているのでしょうか――。一体これから、どうして生きていけばいいと言うのだろう。命だけは助かったものの、明日の朝から食べる物もなければ、着るものもない。お金があれば、心配ないのでしょうが……持って出たお金も、どこへ流れて行ったのやら――。

まっ暗な闇に、かすかに朝の光が訪れてまいりました。長かった一夜――とうとう眠られぬままに、夜を明かしてしまったのです。

外はどうなっているのだろう?

窓を開けてみて、びっくりしました。屋根すれすれに流れる濁流。前の家は、壊れてなにも見えない。ニワトリが流れていく。下駄が片方だけ――そして子どもたちの大好きなカール人形も、はなはだしい板や材木も――。

家々の窓や屋根からは、皆放心したように、この光景をただじっと見つめているだけです。二

名古屋市南区の浸水（伊勢湾台風50年事業実行委員会HPより）

階のない人は皆、天井を破って、そこから屋根へあがったのです。

弟たち一家の生存を知ったのは、二日目の夕方でした。やはり天井を破って屋根へあがったそうです。その時、フトンを一枚だけ持ってあがったそうですが、屋根の上にまたがる子どもたちを、風に吹き飛ばされないよう、そのフトンを子どもたちの上からかぶせ、その上からふんばっていたとのこと。皆それぞれに、あの激しい風雨とたたかって、生きながらえることができたのです。

でも、不幸にしてあの怒り狂う無情な濁流の闇の中に、お互いに励まし、叫び、そして祈りながらも力つきて、肉親の名を呼びつつ、むなしくのまれていった数多くの犠牲者のことを思う時、自分があの濁流の中を、浮きつ沈みつ水をのみながら、生きながらえた時のことを思い出します。

どんなにか生きたいと念じたことだろう。そして苦しみもだえ、宙をつかんで死んでいった人の霊を思うと、どうしたらなぐさめられるというのでしょう。そして、その肉親を亡くした人も……肉親を亡くした人の悲しみは、今なお続いているのです。

愛児四人もあの水魔の犠牲者にした、ある母親の曰く、子どもたちの死んだあの暗い道は怖いけれど、その怖い道を通ることが、ただ一つのなぐさめです。死んだ子どもたちの、最も近くにいられるような気がするからです。そして子どもたちは、たえず「しっかり、しっかり」と勇気づけてくれます……。

なんと悲しいなぐさめなのでしょう。悲しいという言葉で表現する何十倍にも増して悲しいことかわかりません。


あれから一年四ヵ月、全国の人の温かい救援に支えられながら、私たちはどんなにか生きる望みを持つことができたでしょう。仮設ながら家も与えられ、そしてここ仮設保育園に通うことができるようになった子どもたちは、笑いをよみがえらせてまいりました。

けれども、この一年四ヵ月――それは生やさしいものではありませんでした。いいえ、まだまだ続いていくでしょう。

仮設住宅に住むがために、仮設のブタだと言われ、一歩出れば、白い目をむけられてきました。

「ブタ」とは、泣きながら粗末な物を食べ、ブタ小屋のようなところにいる、という意味なのでしょうか。外出をしたとき、私が仮設の者だと知らずに声高らかに話しているのです。それがたとえ酒をのんだうえでのことであろうとも、あまりにも残酷な言い方ではないでしょうか。私たちは好んで罹災者になったのではありません。

でも、私たちは、たとえどのようなことにあおうとも、全国から寄せられた温かい同情に、一日も早く立ち上がり、むくいなければなりません。

と同時に、再びあのような惨禍をくり返さないためにも、立派な未来の社会人として、子どもたちを教育していくことが、私たち母親にかせられた責務だと思います。

そして、この悲しい事実が、いつの日か、立派に成人した子どもたちに、堤防が切れるということがあったのか——と、ふしぎな話として聞いてくれる日の来ることを念じて、この筆をとめます。

ヤジエセツルメント保育所の誕生

名古屋市は、生活に困りゆき場のない被災者のために、災害救助法にもとづいて応急仮設住宅を建てました。東海道線わきの低湿地帯弥次衛町もその建設のひとつにあてられ、三百二戸が建てられました。入居した人の半分は朝鮮人でした。

家はできたものの、人々の苦しみは長く続きました。なにしろ一カ月も水がひかないあの台風のあとです。家のまわりは、ヘドロの山、着るもの、食べるもの、日用品も十分ではありませんでした。家といってもロクにカンナもかけていない板きれを打ちつけたバラックの六軒長屋で、八畳一間に家族全員が住み、となりとのさかいはベニヤ板一枚です。便所、炊事場は共同で、その建物は離れているため、ぬかるみを歩いて通わなければなりません。あるお母さんは「あのぬかるみが足にさわるとその感触で台風当時が思いだされ、今だにゾクッとするのですよ」と語ってくれました。ほんとうに雨が降ると、一週間は長ぐつをはいていなくてはなりません。反対に太陽が照りだし風が吹くと、住宅より二メートルも高い道路上をコンクリートミキサー車がひっきりなしに走り、猛烈な砂けむりをたてるので三メートル先が見えません。異臭の原因は、土を掘っただけのドブに共同炊事場から流れる汚水が淀み、ドブロクづくりの臭いとヘドロの臭いが重なって発散されるのです。

突然子どもが体あたりをしてきて、ポケットに手をつっこみます。「何かチョー」、大人を見れば、「おごってチョー」「何かチョー」と呼びかけます。被災地の子どもということで、人から何かもらうことが平気になり、こんな習慣を子どもにつけさせてしまったのです。おしきせの救援物資の服はダブダブでうす汚れ、子どもの年齢がわかりません。大人たちは、明日の食糧を求めることに忙しく、子どもをふりかえる余裕はありません。子どもたちは、自分たちの場を求めて激しい生存競争からおとされまいと必死で生きています。

子どものケンカはもちろん、大人のケンカも日常的におこります。髪の毛をひっぱりあい、胸ぐらをつかんでのなぐりあいです。子どもたちも命がけのケンカをします。大きな石を本気で友だちにぶつけます。目は血ばしり、殺気をおびてくると、大人もはいりこめない雰囲気です。

全国からも医師や看護婦さんはもとより、いろいろな奉仕団（ボランティア）が集まってきましたが、断然奮闘したのが学生でした。名古屋大学の「泥の会」というサークルが中心になり、南区弥次衛町でアンケートをとったところ、託児所を希望する声が圧倒的に多かったのです。市の養鶏場の事務所だった建物を元気な学生が「被災者を見殺しにするのか」と市役所に談じ込んで強引に借り受け、保育所にしました。日本福祉大学、名古屋保育短大、金城学園など、多くの学生が集まって、「ヤジエセツルメント保育所」を誕生させました。保育所とは名がついたものの厚生省の認可もないモグリの保育所です。保育するのは主に学生でした。しかし、学生は学業が本分ですから、試験期間や勉強が忙しいと来ることができません。そこで学生セツルメントの委員長と愛知県立大学で教鞭をとり東京保育問題研究会でも活動されていた宍戸健夫先生が、東京保問研に働きかけて保母さんを派遣してほしいと要請しました。

二人の生活

一九六〇年二月に原田（旧姓及川）嘉美子さんが派遣されてきました。一ヵ月の「武者修行」という位置づけでした。原田さんが東京に帰った後、一九六〇年四月、私がそれまで務めていた東京の保育園を辞めてヤジエに足を踏み入れました。

単身家から離れ、まったく知人のいない名古屋での生活。環境も違う中で、あるのは若さと情熱、体力だけです。折しもヤジエでは集団赤痢が発生していました。住宅は隔離され保育所も休園です。その対応で心身共にくたびれ、体力だけが自信だった私も倒れてしまいました。保育に自信がもてずヘトヘトになり、ある日突然、宍戸健夫先生に「東京に帰りたいです」と話しました。宍戸先生は、なんと、「帰ったらどうですか」とおっしゃいます。こうなったら帰れません。私にだって意地があります。でも目の前の子どもたちの姿のすごさと、自分の保育力量のなさに、すっかり落ち込んでいました。

そんなとき、原田さんが豊川保育園を辞めてヤジエに戻ってくるのですが、その時のいきさつを、原田さんは当時次のように書いています。

再びヤジエの子どもたちとともに

及川　嘉美子　二六歳〈保育者〉

「サヨウナラ　さようなら……」

東海道線の線路ぎわに、両手を上げ口々にそうさけんでいる黒山の人だかりが見えた。

「さようなら！……」

電車の内から上半身をのりだし、私は力一杯に紙テープをふった。

一ヵ月間住みなれたヤジエ仮設住宅も、生活を共にしてきた子どもたちも、それは、ほんの一瞬にして見えなくなってしまった。

電車よりも長い、赤青黄の紙テープが夕日にそまって、あざやかに眼にしみた。

…何故泣けてくるのだろう…

あんなにいやだった名古屋行きだったのに、その重責を果し得たという喜びよりも、再び逢うことのできないヤジエの子どもたちへの愛着に、もうすこし名古屋にとどまりたいという気持が、強く私の心をとらえてしまった。

髪の毛を引っぱられ、スモックをやぶられ、手にかみつかれるという、こわい程に体当り的でエネルギッシュな子どもたちだったけれど、東京に帰る時には「イカナイデー」とはだしで追いかけて来る子どもたちだった。

元気で明るく、素直でたくましい、ヤジエの子どもたち……。

私が去ったとしても、誰かがきっとこの子どもたちを、守り育てゆくであろう……。

そう願いながら、私は保育問題研究会から派遣された者として、一ヵ月間の役割りを果し、帰京の道についたのは昨年三月のことであった。

その後、友人である難波（河本）さんが私の後をひきついで、ヤジエの仕事に就かれることを聞いた時、なんとも云えない喜びで一杯だった。

しかし、それから三ヵ月後、さすがに頑丈だった難波さんも、たった一人だけの保育者という重労働から、ついに倒れてしまった。

「センセイ　マタキテクダサイ」

「私はついに、寝込んでしまいました。これ以上私一人では、やってゆけそうにありません」

「再びヤジエに帰って来てください。ヤジエは今一番、貴女の力を求めているのです」

ヤジエの子どもたちから、難波さんから、そしてセツラーから、連日のように届けられる手紙のなかで、保育者として育て上げられた豊川保育園をやめ、再びヤジエの子どもたちのもとへ行く決心を私はしたのだった。

難波さんが倒れたら、いったいヤジエの子どもたちはどうなるだろう……ヤジエ保育園をつぶしてはならない……そう思うと、いてもたってもいられない気持ちだった。

「財政もしっかりしない、カンパなどでまかなっているような運営をしているところへ、安心してやれない」

「仮設住宅がなくなる二年後はどうするつもりか」

「気でもちがったのか、もう少し頭を冷やしてもらいたい」

という理事会側の反対と批判。

「ヤジエの子と豊川の子と、いったいどっちがかわいいのか」

「名古屋に恋人ができたのではないか」

という父母の会からの批判。

「ナゴヤニイカナイヨウニ　ナワデ　シバッチャエー」

という子どもたちの声。

みんなから反対され、批判されながらも、日本脳炎、小児マヒ、集団赤痢と、相次いで起るヤジエの人々の身にせまる危機のなかで、何とかしようとかけずり廻っている難波さん、セツラー、そして子どもたちを思った時、行かなければ、一日でも早く行かなければならないという気持が次第に強くなっていた。

当時のセツルメントの委員長や副委員長も上京し、実情が訴えられ、やがて、私の名古屋行きがみんなの中で承認された。

それは『みんなの力で、みんなで育てる、みんなのための保育園』という豊川の精神を広く名古屋の人々にも伝えるということで、私が名古屋に行くのは、豊川の代表であり、そのためにも、今後全園あげての協力を惜しむものではない、といううれしい約束がされたのだった。

一度決意はしたものの、四年近く住み育った場所からの別離は、つらく悲しいものであった。七十名以上も集った父母の会の送別会に、ワーッと声を上げて泣きくずれたお母さんも、静かにほほえみをたたえていたお母さんも、ヤジエの問題は豊川のお母さんの問題でもあり、そして日本全国の問題でもある、ということを分ってもらえることができ、強い励ましと声援のなかで送りだされたことは、この上ない私の喜びであった。

こうして昨年の八月十日、半年ぶりに私は再びヤジエ保育園の子どもたちのもとへ来たのでした。

「オイカワ　テンテイ」

そう云ってかけよって来る二才の子も、私を忘れてはいませんでした。

相変わらず元気でたくましく、素直で明るいヤジエの子どもたちでした。

「センセイ　イチバン大事ナモノハ　人間ノイノチダヨナ」

何げなくそう云う子どもに、おもわず、

「そうなんだよ、一番大切なものは人間の生命なんだよ！」

感動をこめて、私はそう相づちをうちました。

「センセイ　人間ハ　ベンショウ　デキナイヨナ」

「ベンショウ? うん、そうよね。人間はお金で買ったりなんかできないものね」
……そうなのだ、本当にそうなのだ。
一番大切なものは、人間の生命
人間は弁償できない
それだからこそ、私はヤジエに来たのだ
みんなが、生命を大切にし合いながら
みんなが、お互いに平和で幸せな生活を送ることができるように
そういう社会をつくる人間になってもらいたいからこそ、だからこそ
私はみんなのところに来たのだ……
胸の中でそうつぶやきながら、たくましく育つ子どもたちの姿を見つめ、私は今日も子どもたちの持つ夢を考えるのです。
「センセイ ボク大人ニナッタラ 台風キテモ コワケン(こわれない)ヨウナ堤防ツクルヨ ミンナガ 死ナンデモ エエヨウニ」

＊ ＊ ＊

こうして、二人の生活がはじまりました。

私たち二人はヤジエから十五分くらいのところにあるアパートに下宿、隣り合わせの部屋が借りられました。それぞれ四畳半です。二人は早番と遅番に役割を決め、仕事の分担もしました。

そして毎晩、職員会議です。ＯＮ会議（後述）。この会議の時間を入れると、労働時間は十六時間にもなりました。

二人の生活費はヤジエセツルメントの後援会費から一ヵ月一万円支給されました。その中でそれぞれ食費として二千五百円ずつ出し合って五千円でまかない、家賃が二千五百円。文化費二千五百円（本を買ったり、映画を見たり。保母は人間的に豊かでなければいけないと、愛知県立大学で宍戸先生の講義も聴講しました）。私は残りの二千五百円をけなげにも貧乏だった家へ仕送りしたのです。月末になるとゲルピンです（この頃流行した言葉で、ゲルはドイツ語でお金、ピンは「ない」。「お金がない」という意味です）。アパートにお風呂はありません。ふたりで銭湯に行きます。途中にネギ畑があって青々とおいしそうです。「こんばんは。おネギを少しわけてください」。誰もいません。あたりは真っ暗です。「では、少しいただきまーす」とひと株いただいて帰りました（あそびごころ、あそびごころ）。油揚げといためて、しのだ丼です。おいしかったなー。

おいしいついでにもうひとつ。

私たちのヤジエセツルメント保育所の活動が『朝日ジャーナル』という週刊誌に「ぶんなぐり保母」という見出しで掲載されました。この記事をきっかけに、東芝日曜劇場でドラマ化されました。「レンガの子どもたち」として放映されたのです。原田さん役に渡辺美佐子さん、私の役を香川京子さんです。ほかに、セツラー役で山本学さん、石坂浩二さんも出演しています。

東芝日曜劇場でテレビドラマ化。原田さん役は渡辺美佐子、河本さん役は香川京子

ドラマ作製の打合せで東京に行きました。スタジオの近くのお寿司屋さんでお寿司をごちそうになりました。シャリが少しで上のネタがドカ〜と大きなお寿司です。そのおいしかったこと。いつも腹ペコだった私たちにとって、今でも忘れられないお寿司の味です。

保育条件

ヤジエセツルメント保育所は一九五九年十二月から一九六二年八月まで、二年八ヵ月存続したわけですが、この間約百名の子どもを保育しました。出発当時は在籍三十名前後でしたが、後半は四十名から五十名となり、閉鎖時点では六十名の園児が在籍していました。

保育室は、十二坪の部屋が一つあるだけでしたので、二歳から七歳までの子どもたちの混合保育でした。大ブタ組、中ブタ組、小ブタ組の年齢別グループ編成をしていましたが、園生活のほとんどは一緒でした。

専任の保育者は、及川（Ｏ）と難波（Ｎ）の二人でしたが、当時日本福祉大学保育研究室の土方弘子さんが、週二回保育に入ってくれましたので大助かりでした。保育に入った日は「ＯＮ会議」にも参加してもらい、細かいところまで意志統一を行いました。いわば、彼女もレンガの保育者集団の一員でした。

セツルメント保育部の学生も、よく手伝ってくれました。こんな時私たちの一人は、教材の整理、事務整理、実践のまとめや家庭訪問などを行いました。保育が終ったあと、セツラーを含めて反省会をもつようにしてきました。「やらせっぱなし」ではなく、将来現場に立った時、多少役に立つように、と努力してきました。

私たち二人は、夕食後「ＯＮ会議」を開きました。はじめの一年は毎日続けられました。いつも夜中の一時二時までです。居ねむりをすると、机を叩いて起しあったものです。子どものとらえ方や理想像は一致するのですが、具体的な方法になるとなかなかぴったりとはいきません。なぜあんなふうにやったのか、もっとよい方法はなかっただろうか？　などお互いにきびしく自己批判、相互批判をしあいました。一緒に働いている人の実践を批判するということは、大変勇気のいることです。しかし、批判されて素直にそれを認めることは、それ以上に勇気のいることです。ヤジエの実践は、私たちに大きな自己変革を求めたのでした。

保育時間は、朝七時半から三時半まででした。希望者があれば五時まで保育しましたが、少ない数でした。学校に行っているお兄ちゃんお姉ちゃんが帰ってくるからよい、ということでした。私たちは、早番遅番勤務に別れ、仕事の分担を常に明らかにしておきました。（表参照）

給食はありませんでした。設備も人手もなく、やりたいと思いながらとうとう実現できませんでした。子どもたちがそれぞれ家からお弁当を持ってくるのですが、中にはお金を持ってきて、近くのパン屋さんで好きなパンを買っていました。せめてお茶だけでもと、冬は暖かい番茶を、夏は冷した麦茶をつくりました。子ども集団が落着いてきた後半には、ストーブの上でおいもを蒸したり、子どもたちと味噌汁をつくったりもしました。

施設・設備で一番困ったのは、トイレでした。保育室内にはもちろんありません。二十メートル位先の外にあるのです。雨の日には傘をさして、ぬかるみを歩いて行かなければなりません。しかもその便所は、四十センチもの高い段になっています。二・三歳児はとうてい無理なのですが、うっかりしていると、この汚い便所に両手をついてはいあがるのです。それに便所の中の穴も危険です。二・三歳児なら楽にすっぽり落ちてゆきそうです。私たちは、便所のドアの前に小さな箱を置き、よじのぼらなくてもよいように、一段つくってやりました。セッラーに頼んで、便所の中につかまり棒をつくってもらい、穴の中に落ちこまないようにと工夫しました。しかしこれでは気やすめにもなりませんでした。依然としてトイレは、一番身近にある危険な場所でした。二・三歳児のトイレには、かならず保育者か年長児がついていきました。

水道も保育室内にはなく、トイレのそばまで歩いて行くのです。共同炊事場で、じゃ口は五・六個並んでいました。このじゃ口には年長児でないと届きません。昼食の時、おやつの時、手洗

保育者の仕事の分担

―スムーズに保育を進めるために―

役割／時間	早番（7.30）	遅番（8.30）
	１日子どもをリードしていくリーダーとしての役割をもち、具体的には下記のような仕事をおこなう	リーダーに対して客観的な批判や助言をおこない、かつ、リーダーがスムースに保育できるように、ヘルパーとしての役割をもち、具体的には下記の仕事をおこなう
7.30〜	出勤 ○保育室、庭のそうじ ○登園児の検診 ○おもちゃの提供 ○遊びの指導	
8.30〜	○アミ棚を作る ○遊びの指導	出勤 ○お茶わかし　○教材用意
9.00〜	自由遊び ○遊びの指導	○子どもを迎えに行く ○登園児数及び欠園児の理由をリーダーに報告 ○連絡帳点検
10.00〜	集会 ○司会	○オルガンをひく ○記録をとる ○リーダーに教材を渡す
11.30〜	昼食 ○司会 ○いっしょに食事	○オルガンをひく ○足洗いの水をくむ ○ゴザをしく　○絵本を出す
12.30〜	食後 ○本を読んでやる	○コップを洗う ○机の下をはく ○手洗い足洗いの水すてる
1.00〜	ひるね ○童話をする ○連絡帳記入	○ひるねのフトン用意 ○連絡帳記入
2.30〜	顔をふきシッカロールをつける	○顔洗いの水用意 ○オヤツの用意
3.00〜	おやつ ○司会	○オルガンをひく ○手ぬぐい洗い ○そうじ用水をくむ
3.30〜4.00	さようなら ○そうじ ○保育日誌記録 帰　宅	さようなら ○そうじ ○居残りの子保育 ○家庭訪問　○その他
5.00		帰　宅

の水を洗面器に入れて運びました。雨の時は長靴をはき、傘をさして運ぶのです。お弁当の箸が一本落ちても、そこまで行かないと洗えないのです。

保育園には門がありませんでした。隣との境になるようなものもありませんでした。したがって、子どもたちにとって保育園の庭は無限に広がってゆくのです。保育者の目を盗んで計画的に脱走したり、遊びに夢中になって、ついつい園から遠くなったりで、保育中はまったく気の安まることがありませんでした。南へ五十メートルも行けば、砂煙をあげて大型トラックがひっきりなしに通っています。東へ百メートルも行くと東海道線、北には大きなため池があるのです。そんな所に行ったらたいへんと、最初の一年はたえず子どもの頭を数えていたものでした。

子どもの現実から保育方針を立てる

原田さんとは東京保問研で顔を合わせていた仲間でした。原田さんは、豊川保育園で故畑谷光代先生のもと、伝え合い保育の理論をはじめ集団主義保育の理論等、しっかり実践し、はっきりとした保育観をもっていました。子どもと同じ床の上に立つという視点で常に子どもと向きあうのです。子どもの言葉を大切にして、話し合いを中心に展開していきます。私が原田さんから学んだことは、過去九年間の保育者歴の中でつちかわれた子どもたちの見方を変えて、私自身の保育観の確立が求められているのだということを痛いほど知らされたことでした。

私たちがヤジエに来た当時の子どもの姿は、すさまじいものでした。私たちは毎晩のＯＮ会議で、子どもを客観的にとらえるために分析をして、どんな子どもに育てるのかという子ども像の確立をしました。

〈子どもの分析〉

1　登園する時間が不規則。十一時頃に気軽に登園する子もいる。
2　登園してから家に帰ったり、トンボとりに行ったり、住宅内を遊びまわったりする。
3　少しのことで取っ組み合いのけんかをはじめる。
4　お金やオモチャをもって登園する子が多い。
5　本やオモチャを投げつけたり破ったりする。
6　オモチャを独り占めして協同で遊ぶことはまずない。
7　集まりのとき「かたづけよう」といってもぶらぶらしている。
8　話を聞く態度は散漫であり、外へ出る、机に上がる、イスを引きずって遊ぶなど、それぞれが勝手な行動をする。
9　昼時お弁当を持ってこない子はだまって家に帰る。
10　家で食事をしてそのまま遊んでしまう。
11　食事中食べながら歩いたり、おかずのとりかえっこをしたり、だまっておかずをとったり、こぼれたパンをひろって食べる子もいる。
12　おかずがなくなるとお茶をかける。
13　食後おべんとうやこぼれたごはんもそのままにして遊びに出かける。
14　おひるねをしたくないと勝手に出て行く。
15　帰宅後三分もしないうちにダ菓子を持って遊びに来る。
数え上げればキリがない、注意すればバカにされののしられ、物を投げて家に帰ってしまうというふうで保育園は〝無法地帯〟でした。

私たちは、これらの問題を根本から分析しました。そしてその原因は、
A保育内容が不十分だった
B保育者に権威がなかった
C母親の保育所に対する認識がたりなかった
この三つであると考えました。
これまで保育者に恵まれず、設備も悪く保育計画も立たず、いろんな人が子どもと接しており、保育方法が甘くなり子どもにおもねる傾向がありました。
そして、こうした子どもの分析の上にたって次のように保育目標を立てました。
①命を大切にする子ども

②働くことの喜びを知る子ども
③自分の眼でみつめ、自分の頭で考え、自分の口ではっきりものを言える子ども
④他人と協力していける子ども
⑤自分に責任をもって行動できる子ども
⑥自分のことは自分でできる子ども
⑦一つのことを最後までやり通す忍耐強い子ども

統一した保育目標はできましたが、方法については迷い続けていました。

毎日の子どもの姿を父母に伝えるために「レンガの子ども」というおたよりを発行しました。毎日毎日ガリ版で切って謄写版で印刷して子どもに持たせました。

子どもたちの話し合いをする時は、リーダーが話をすすめ、ヘルパーが記録をとります。子どもの言葉を聞きもらさずノートにペンを走らせました。

要求をとらえて組織する、要求を掘りおこす。そして話し合いをすすめ、全員の合意形成をしていく。これは大原則です。

ヤジエセツルメント保育所が愛知の保育の原点と言われる根拠は、この大原則のもとに保育の実践が広がっていったからです。

ぶんなぐり保育

話し合い保育の展開の中で、子ども集団は少しずつできつつあるものの、まだまだ日常的には子どもたちは命ぎりぎりのケンカはするし、気に入らないことがあると家へ帰ってしまいます。とくに年長の子どもの保育は大変でした。ON会議で話し合いました。

次に書いたのは当時のON会議の記録です。

O　ヤジエの子どもたちって、どうしてこんなに保育者の言うこと聞かないのかしら。

N　私もあんまり怒らないでずい分甘やかしてきたと思う。

O　保育者の顔を見ながら悪さしている。

N　子どもに試されているような気がとてもするの、こんなことしても先生は怒らない、どんなことしたら先生は怒るのだろうって。

O　保育者をバカにしている気もするけど何かを求めているのかしら……。

N　怒られることによって、自分が認められたいと望んでいるような感じがする。

O　そうかなー。

N　いままでいろんな保育者のいろんな形の愛情があったけど厳しさがなかった。

（学生の保育は入れ替わるので保育方針が一貫出来なかった）

O　保育する人の保育方針が一貫しなかった、だから保育者に対する信頼も権威も損なわれてしまったのじゃないかしら。

N　うん、そうだと思う。

O　悪いことだと自分でわかって行動してるのだし、注意しても全然効き目がないし……。ぶんなぐるっていうことどう思う。

N　いけないことだと思ってきたからこれまでやらなかったけど……。

O　これまでなぐったときもあるけどでもそれは基本的にいって絶体いけないことだと思ってきたの、でもヤジエの子どもたちの状態をみていてそれが許されていいような気持ちになってきたんだけど。

N　ヤジエの子どもたちって性格的に激しいから、ぶつかり合うことによってかえって本当の意味で結びつけるのかも知れないわね。

O　こんな人間にしたいという私たちの気持ちが真実なら子どもたちに伝わるんではないかしら。

N　大人はよく子どもをぶんなぐるけど、あれは大人の都合でなぐっているので本当に子どものことを考えて殴るのならいいのかもしれない、取り上げてみようか。

O　その場合どの子もぶんなぐるのではなくて、殴っていい子といけない子を見分ける難しさがあると思うわ。

私たちは翌日「ぶんなぐり」を実行しました。

次の日のオヤツの時間です。いつものようにお皿にオヤツを入れて配っているとアキコちゃん（年長）が、「こんなもんいらんわー」とお皿を投げ飛ばしたのです。原田さんは、「これは食べるものよ。ヤジエの子どもはお家を流されてかわいそうっておばちゃんたちがくださったのよ（救援物資）。何でお菓子をほかったりするの？」「いらんわー」と原田さんに飛びついてくるアキコちゃんとつかみあっているうちに、原田さんのブラウスの袖が破れてしまうすごさ。

原田さんは「ちょっとお母さんを呼んできます」と言って園を出て行きました。私はアキコちゃんと向き合っていましたが、すごい勢いで泣き叫んでいます。ゆうべのON会議で「ぶんなぐっちゃおうか」と話し合ったことがよぎって、思わずアキコちゃんのホッペタにビンタを張ったのです。アキコちゃんは泣きながら、泣き方が変わっていきました。ヤンチャクチャの泣き方から、たたかれた悔しさと悲しみに。そこへ原田さんとお母さんがやってきました。お母さんは「アキコ、先生困らせたらいかんがねー」とアキコちゃんを連れて帰りました。私はアキコちゃんをなぐったことを原田さんに話しました。「心配だなー。明日、アキコちゃん保育園に来るかしら」と私が言うと、「大丈夫。ヤジエの子はそんな子たちではないわよ」と笑いとばすので、少し不安はなくなったものの心配でした。

次の朝、「おはよう‼」と元気よく登園してきたアキコちゃんを見て、思わずかけよった私は「アキコちゃん、きのうはゴメンね。たたいたりして、痛かったでしょう」とあやまりました。

その晩ＯＮ会議で、原田さんに「なんでアキコちゃんにあやまったの？　あの時あなたは、真剣にアキコちゃんにむかったんでしょ。ちゃんとした人間になってほしいという思いをこめて。だったらあやまるのはおかしいわ」と批判されました。私はもともとなぐることに反対だったので、ついあやまってしまったのですが、子どもをひとりの人格として尊重するから要求するのだという保育観を学び、自信をなくしていた私も、私自身をぶんなぐって前にすすまなければと思った出来事でした。

私たちは言葉のかかわりということを中心にし、どうしても許せない行為をした時に、なぐることにしました。それも平手でホッペタをたたくのです。

◎命に危険をおかすようなことをした時

◎集団をみだすような行為をした時

◎人に迷惑なことをした時

以上を原則としてぶんなぐることにしました。

このことがあってから、父母の中では「先生たちが子どもをなぐっている」と評判になり、怒鳴り込んでくる場面もありましたが、理由を話すと「そうか。それならもっとなぐってくれよ」という返事が返ってきました。子ども集団はメキメキ成長していきました。

第2章

「レンガの子ども」の実践

「レンガの子ども」を出すにあたって

子どもたちは、まいにちなにを見つめ、なにを考えながら生活しているのでしょう。保育園での、子どもたちの姿を、お母さんたちにくわしくお知らせしようと思って、こんな「おたより」をつくってみました。

「三匹の子ぶた」のお話を子どもたちにした時のことです。

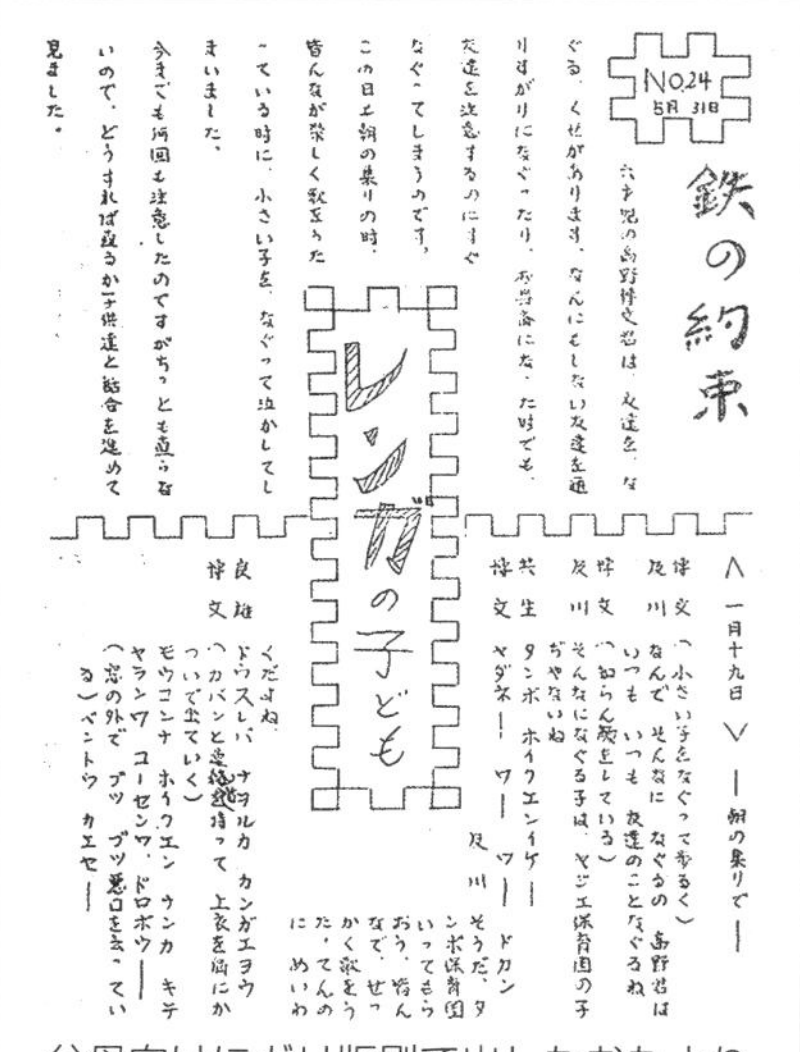

父母向けにガリ版刷で出したおたより

大きいぶたはワラの家、中ぶたは木のお家。オオカミの「フーフー」のひと息で家がとんでしまいます。しかし、いちばん小さい子ぶたのレンガの家は吹き飛ばされませんでした。

この話をした時に、ある子が立ち上がって言いました。

「エエなー、レンガの家は。台風きてもこわれんで」

台風で家を倒壊されたのを思い出したの

でしょう。壊れない家がほしいという気持がヒシヒシと伝わってきました。レンガの家をつくるには、下からじゅんじゅんに、ひとつひとつ積み重ねていかなくては、じょうぶな家はできません。

雨にも風にも負けない、心もからだもじょうぶな子ども、レンガのように強い子ども、レンガからくる印象を、そのままこの「おたより」の題名にしてみました。

では、第一号として、レンガの子どもたちと、その保育者を、紹介いたしましょう。

山本明子（やまもとあきこ）

六歳六ヵ月　家でも、保育園でも、一番のお姉さんです。いっぱい字も書けるし、絵もうまいです。

星野庄治（ほしのしょうじ）

六歳五ヵ月　八月からずっと保育園を休んでいます。そのうち元気な顔を、見せてくれるでしょう。

高野博文（たかのひろふみ）

六歳四ヵ月　ときどき保育園を休みたくなると、お母さんにだまってトンボとりにいっちゃいます。

野村秋一（のむらしゅういち）

六歳三ヵ月　元気がよすぎてあばれんぼうです。ひとをなぐるくせがあります。

古川秀夫（ふるかわひでお）

六歳三ヵ月　来年学校に行くので、一生懸命に字をおぼえたり、数をおぼえたりしています。

石川良雄（いしかわよしお）　六歳二ヵ月　保育園で一番からだが大きくて丈夫です。それなのに泣き虫、うたがうまいです。

井手洋子（いでようこ）　六歳一ヵ月　からだもしっかりしているし、頭もいいし、小さい子にとても親切です。

申　春夫（しんはるお）　六歳　お当番をするのが大好きです。よく手伝ってくれます。だまって帰るくせがある。

増島弘法（ますじまひろのり）　五歳十ヵ月　ともだちのためになるいい考えをよくだしてくれます。ケンカをとめるのがうまいです。

新井喜八（あらいきはち）　五歳九ヵ月　ともだちと「ショウヤ」（メンコ）をはじめると、夢中になって保育園に行くのを忘れてしまいます。

松本共生（まつもとともお）　五歳八ヵ月　虫とりが大好きで、ずっとせんカエルをとりにいってタンボに落ちました。

柴田真理子（しばたまりこ）　五歳七ヵ月　からだは小さいけれど、何でもよくできます。朝寝ぼうです。

高野博幸（たかのひろゆき）　五歳六ヵ月　保育園が大好きです。兄ちゃんが休んでも、ぼくは休みません。

西　能弘（にしよしひろ）　五歳四ヵ月　九月から新しく入ったキカン坊です。どうぞよろし

岡野正義（おかのまさよし）

く………。

五歳三ヵ月　弟もこんど入りました。けんちゃんと弟とぼくと三人で行きます。

松本ケイ子（まつもとけいこ）

四歳十一ヵ月　うたをうたったり、おどりをおどったりするのが大好きです。

朴　哲（ぼくてつ）

四歳九ヵ月　はじめは泣き虫だったけど、このごろはキカン坊です。いい考えもだしてくれます。

中山健一（なかやまけんいち）

四歳八ヵ月　いい考えをいっぱいもっているのだけど、なかなかはなしをしてくれません。

森岡修子（もりおかしゅうこ）

四歳六ヵ月　九月から新しく入りました。みち子ちゃんとなかよしです。どうぞよろしく。

星野繁樹（よしのしげき）

四歳六ヵ月　八月からずーっと休んでいます。

武藤史代（むとうふみよ）

四歳四ヵ月　うたが大好きでうまいんです。お父さんやお母さんにも教えてあげました。

朴　恵子（ぼくけいこ）

四歳十一ヵ月　甘ったれで一日に三回位、家へ帰ってしまうときがあります。

金山恵子（かなやまけいこ）

四歳　家では一番大きいお姉さんなので、弟や赤んぼのおもりを

松本真美（まつもとまみ）
　上手にします。
　三歳十一ヵ月　年は小さいけれど、とてもいい考えをもっています。うたがうまいです。

岡野美智子（おかのみちこ）
　三歳十ヵ月　九月から新しく入りました。ただし君としんせきです。

竹内　修（たけうちおさむ）
　三歳九ヵ月　入ったばかりで、まだ保育園に一日しか来ていません。

元山朝夫（もとやまあさお）
　三歳九ヵ月　保育園の一番大将です。ときどき、友だちをかむくせがあります。

金田愛三（かねだあいぞう）
　三歳八ヵ月　レンガのように丈夫です。年は小さいけど、とても強いんです。遠い道でも一人で歩きます。

三田村久美（みたむらくみ）
　三歳七ヵ月　入ってすぐお腹をこわして、今もまだ治らないので休んでいます。

岡野　正（おかのただし）
　三歳　保育園は大好きです。友だちがいっぱいいるし、オモチャもあるから……。

松本栄宝（まつもとえいほう）
　二歳十一ヵ月　甘ったれで、お母さんの顔を見るとすぐ「かえるー」と言います。

山本映子（やまもとえいこ）二歳十ヵ月　パンツを一人でぬいだり、はいたりできます。

谷田満弘（たにだみつひろ）二歳七ヵ月　うちが近いので、すぐ帰ります。帰ると、もう来るのがいやになってしまいます。

武藤哲也（むとうてつや）二歳七ヵ月　一人で上手にあそべます。かたづけもうまいです。

山田奈美子（やまだなみこ）二歳三ヵ月　いちばん小さいので、なかなか保育園になれません。

〈保育者〉

及川嘉美子（おいかわかみこ）二月にセツルから応援を頼まれ、一ヵ月だけ保育をしたのですが、その後ヤジエが忘れられず、八月に東京の豊川保育園をやめて来ました。ファイトと情熱の持ち主です。

難波ふじ江（なんばふじえ）四月に、東京の緑の家保育園をやめてヤジエに来ました。勉強不足をなげいて、ひとつひとつ、下からレンガを積重ねるのに苦労をしています。

（注）以下に紹介する実践は親たちに配った保育記録「レンガの子ども」のうち、一九六〇年九月〜六一年三月の間に出したものから抜粋して構成してあります。本書収録にあたって、子どもの会話をカタカナの表記からひらがなに変更しました。なお、及川は原田の、難波は河本の旧姓です。

お母さんのつくったぞうきん

子どもたちは毎日おひるねをする前に足を洗うのですが、そのときに使っていたぞうきんが、よれよれでまっくろになってしまいました。いつまでたっても、子どもたちからは、このきたないぞうきんの話は出ませんでした。そこで、いったい子どもたちは、このことを、どう感じているのか？　を探りながら、新しいぞうきんをつくるのには、どうしたらいいか、みんなで考えあう方向にもっていきたいと思いました。

〈九月二日　朝の集りで〉　一日目

及　川「これなんでしょう?」
子ども「ぞうきん」
及　川「これ、きれいですか?」
子ども「きたない」
及　川「これで足をふいて、どんな気持ちがしました?」
子ども「いやなきもち」
及　川「このぞうきん、きたなくていやな気持ちの人?」
子ども「はーい」
及　川「みんな、なんにも言わないからこれでいいんだと思ったわ。いいんでしょ?」
子ども「いやー」
及　川「いやなの?　じゃ、どうして『こんなきたないぞうきんいやだ』って言わなかったの?」
子ども「………」
及　川「先生もこんなきたないのいやだから、新しいぞうきんつくろうかなって考えたんだけど、先生忙しいでしょ?」
ともお「ミシン　ある」
ま　み「うちに　ミシン　ある」

あきこ「うちに　ある」
ようこ「うちも　ミシンある」
及川「先生はミシンもないし、忙しいし……」
よしお「ぞうきん　ぬってくださいって　たのみに　いくの」
及川「よしおちゃんの考えいい考えだねー。じゃ、ミシンのある家の人はね、お母さんに聞いてきてください」
子ども「はーい」

〈九月三日　朝の集りで〉　二日目

難波「きのうみんなに頼んだこと、わかってる？」
ひろふみ「足ふくぞうきんよー……」
難波「ぞうきんがどうしたの？」
あきこ「足ふくぞうきん　ぬってって」
難波「そう、よくわかってたわね。じゃ、だれかお母さんに聞いてみた人？」
あきこ「あのよー　ええっていった」
ようこ「わすれちゃった」
ひでお「わすれた」

難　波「あとの人みんな忘れたの？　あきちゃんだけね。じゃ、あきちゃんのお母さんに頼もうか？」
子ども「うん」
難　波「だれが頼みに行く？」
あきこ「あきちゃん」
難　波「あきちゃんだけ？　みんなのぞうきんよ」
ま　み「まみちゃんいく！」
あきこ「せんせいもいくの」
ひろのり「みんなでいくの」
難　波「うん、いいね。だけど、なんて言って頼むの？」
ひろふみ「ぞうきん　ぬってくださいっていうの」
よしお「ヤジエのみんながつかう　ぞうきんを　ぬってください」
難　波「ずいぶん立派に言えるね。じゃ、あとでみんなそろって行きましょう」
　こうして、二歳のてつや君も、三歳のあさおちゃんも、みんなそろってあきこちゃんのお母さんに、頼みに行きました。

〈九月五日　朝の集りで〉　三日目

及　川（新しくできてきたぞうきんを見せながら）「もうできてきた。あきちゃんのお母さん早いねー。ずいぶん上手だねー」
「じゃ、この新しいぞうきんで足をふく練習をしましょう」（一人ひとりやってみる）「みんな、どんな気持ちがした？」

子ども「いいきもち」
よしお「かいめんみたい　いいきもち」
及　川「あきちゃんのお母さんに、お礼いわなきゃね」

みんなで考え、みんなで頼みにいったそのぞうきんができてきたとき、子どもたちは、ほんとうに自分自身のよろこびとして感じたのです。なんでも大人が勝手につくってしまうのではなく、子どもたちといっしょになって、どうしたらいいだろうかと考え合っていきたいと思います。
あきこちゃんのお母さん、御協力ほんとうにありがとうございました。

オモチャやおかしを持ってきたら？

子どもたちは、朝、保育園に来るときに「お金」や「オモチャ」「おかし」などを平気で持ってきます。いままでは持ってくると先生に預けることになっていたのですが、預けるのではなく、持ってこないようにするには……と、そのことについて毎日、子どもたちと話し合いを、続けてみました。

〈九月十二日　朝の集りで〉　一日目

及　川（しゅういちの持ってきたおかしを見せながら）「これなんだ?」
子ども「おかしー」
及　川「このおかしどうしようか?」
ひろのり「ようちえん　もってきたら　みんなでたべちゃう」
及　川「そりゃいい考えだ。先生も食べちゃおう」
ともお「こんどから　おやつもってきたら　みんなでくっちゃうの!」
及　川「そうだね　しゅういち君食べていい?」
しゅういち「?………」
及　川（はるおの十円を見せながら）「この十円はどうする?」
よしお「せんせいたちの　お金　ださんとよー　そのお金で　おやつかうの」
及　川「いいですね、この十円でおかし買うんですって、はるお君買ってもいい?　買ってもいいと思う人?」
子ども「はーい（手をあげる）」
及　川「いやな人?」
子ども「?………」
及　川「いやな人……ちょっとみんな、はるお君泣きそうだよ」（はるおだまって下を向いてい

る）
（きはちのもっていたショウヤ―メンコのこと―を出す）
「これ、こうゆうの保育園に持ってきていいの？」
子ども「いかんの」
及　川「どうして持ってきていかんの？」
ともお「みんなが　ほしがるで」
及　川「そうだね。先生だってほしいもの。じゃあね、こうゆうオモチャ持ってきたらどうしよう？」
あきこ「こんどよー　もってきたら　せんせいに　やって　とうきょうのほいくえんに　送っちゃうの」
及　川「いい考えですねー。おかしは、みんなでわけて食べちゃうし、オモチャは東京に送っちゃうし、約束ですよー、いいですね」

〈九月十三日　朝の集りで〉　二日目
難　波（えいほうの持ってきた十円を見せながら）「きのう、お金持ってきたらどうするっていったんだっけ？」
よしお「みんなでたべられるもの　かうの」

難　波「みんなの食べられるもの、なにがある？」
子ども「あめ　クラッカー」
難　波「だれに買ってきてもらおうか？」
えいほう「イヤダー」
難　波「えいほうちゃん、いやだっていってるよ、どうしようか？」
ひろのり「かえす　小さいから　かえしてやる」
難　波「大きい子でお金持ってきた子いないかな？　はるおちゃん持ってきた？　なんだ、持ってこないの？　あのねー、ひろのり君がね、えいほうちゃん小さいからお金返すっていうんだけど、返していい？　きのうの約束は、みんなでおかしを買って食べるんだったね」
子ども「かえしてやらん　おかしかう」
難　波「じゃあね、おかし買ってきてください。よしお君買ってきて、みんなの食べられるものよ」
よしお君は、キャラメルを買ってきました。ほんとうに約束どおり、みんなでわけて食べました。
難　波「おいしいね。だけど、えいほうちゃん、お金持ってきてそんしたね。約束やぶったからね！」

〈九月十四日　朝の集りで〉　三日目

及　川「きょうお金を持ってきた人は、先生のところへ持っていらっしゃい。静かにここへ持ってきてください」

（あさお、けいこ、お金を持っているが出てこない）

及　川「あさお君もけいこちゃんも、小さいからよくわからないのかな。（あさおのそばにいって聞く）あさお君、お金持ってきていいの?」

あさお「いかんの」

及　川「みんな、お金持ってきたらどうするの?」

よしお「おかし　かっちゃうの」

及　川「あさお君に教えてやりな！」

よしお「おかし　かってきな」

あさお「やだー」

及　川「あさお君、けいこちゃん、みんなにおかし買ってあげていいでしょう?」

けいこ「いやー（泣きそうになる）」

及　川「だって約束だもの、いいでしょ、いいでしょ」

けいこ「いやー　いやー」

あさお「いやだー　いやだー」

及　川「みんなどうしよう？　あさお君もけいこちゃんもいやだって言ってるよ」
あきこ「きょうだけ　ゆるしてやる」
及　川「それでいい？」
子ども「ええー　ええー」
よしお「あした　もってきたら　もうゆるしてやらんの」
及　川「じゃあね、けいこちゃんは小さいからよくわからなかったのね。きょうだけゆるして
　やって、明日から持ってこないか、みんなで聞いてみよう」
子ども「あしたから　もってこない？　ほんと？」
及　川「きょうはおばあちゃんに、お金を預けているそうです。だれかついていってください」
ようこ「はーい　あたしいく」
及　川「ようこちゃん、いっしょに行ってきてください」
　九月十五日の朝は、だれもなにも持ってきませんでした。やっと子どもたちもみんながほしがるものやわけてあげられないものは、持ってきてはいけないのだということがわかってきたように思われたのですが……。

〈九月十六日　朝の集りで〉　四日目
及　川（ショウヤを見せながら）「これはなんでしょう？」

子ども「ショウヤだー　ショウヤだー」
きはち「ハリマオばっかり」
及　川「ハリマオって強いの？　ショウヤ好きな人？」
子ども「はーい　はーい」
きはち「うちに　よーけい　あるわ」
ともお「ぼくんちにも　いっぱい　あるわ」
及　川「うちにいっぱいある人？」
子ども「はーい　はーい」
及　川「あら、そんなにいっぱい持っているのに、なんで持ってこないの」
ひろのり「とうきょうへ　送っちゃうで」
及　川「あら、忘れないの？　忘れて持ってくればよかったのに……東京のどこへ送ろうか？」
ともお「もうせん　おいかわせんせいのいた　ほいくえん」
及　川「ああそうか、もうせん、及川先生のいた豊川保育園ね……じゃあ、豊川保育園に送ります」
　十七日から三日ばかり子どもたちのもってきたオモチャを大きな袋に入れて集めておきました。

〈九月二十日　朝の集りで〉　五日目

及　川（袋を持って出てくる。オモチャを見せながら）「こうゆうオモチャを持ってきたら、どうするんだっけ？」

ともお「とうきょう　送っちゃうの」

及　川「さて、きょう持ってきた人いませんか？　きみは？（一人ひとり見てまわる）きょうはこれだけね（袋に入れながら）。これをポストに入れてきてもらいますけど、送っても東京の子おどろくよ。手紙書いて送らなきゃ……」

ひろのり「せんせい　かきゃいいがね」

及　川「なんて書くの？」

よしお「これで　あそべ」

あきこ「ショウヤで　あそんでください」

及　川「そんだけでいいの？　どうして東京へ送ることになったの？」

ともお「うんとよー　オモチャ　もってくるとよー　みんながほしがるで　もってこんやくそくした　だけど　もってきたで　送るの！」

及　川「そうだね。子どもたちがオモチャやおかしを持ってくると、みんながほしがるから、持ってきたら東京へ送る約束したのね。それで持ってきたから送るのね」

〝とよかわほいくえん〟の子どもへ
てっぽうや　シヨウヤ　送ります　みんなで　あそんでください　ヤジエのほいくえんに
は　お金や　おかしや　オモチャを　もってくる　子が　いっぱい　います　もってくると
みんなが　ほしがるで　もってこない　やくそくをしました
お金を　もってきたら　みんなで　おかしを　かって　食べる　やくそくを　しました
オモチャを　もってきたら　とうきょうに　送る　やくそくを　しました　おかしを　もっ
てきたら　みんなで　わけて　食べるやくそくを　しました
やくそくを　やぶって　もってきた子が　いるから　ほんとうに　きょう　送ります　え
いほうちゃんが　お金　もってきた　ときも　ほんとうに　おかしを　かって　みんなで
食べました

〈九月二十一日　朝の集りで〉　五日目

難　波（手紙と袋を持ってでてくる）「さあ、きょうはこれを出しに行きます。だれに行っても
　らおうかな?」
ともお「せんせい　あさお君　ピストル　もってる」
難　波「あっ、ほんとだ。（ピストルを取りあげる）あさお君のピストルも入れます」

あさお「やだー　やだー」
難　波「だって約束だものね、あさお君。さようなら、ピストル東京へ行きます」
あさお「いやだー　いやだー（泣き出す）」
難　波（袋にピストルを入れて封をする）「さあ、ふたをしちゃった。このピストルは、東京の子とあそびます……だれに出してきてもらおうか？」
あきこ「みんなで　いけばええ」
難　波「そうだね。じゃあ、みんなで行こう！　ポストはどこかな？」
ともお「たまりや（醤油屋）のとこにある」
難　波「そう、じゃあ、みんなで行ってこう！」

手紙と袋を持って、みんなで、たまりやのそばのポストに入れに行きました。子どもたちは目の前で、自分たちの決めた約束が実現されるのを見て、なにを考えたでしょう？　その後、「オモチャ」や「お金」や「おかし」などを持ってくる子はいなくなりました。
こうして子どもたちのなかの問題を、子どもたちがみんなで考えました。そしてみんなで決めた約束は、みんなで守っていかなければいけないのだ……ということが、少しずつ理解できるようになっていったのです。

運動会　うんどうかい　ウンドウカイ

きのうは小学校の運動会で子どもたちは、みんな見にいったらしく、朝からその話でにぎわっていました。

〈十月三日　朝の集りで〉

難　波「きのう運動会に行った人?」

子ども「はーい　はーい　はーい」

難　波「運動会に行ってヨーイドンって走った人?」

子ども「はーい」

ともお「らいねん　がっこうだで　はしったわ」

あいぞう「とうちゃんが　大きくなったら　はしれいった」

けいこ「うんどうかい　いった」

難　波「だれと?」

けいこ「かあちゃんと　あんちゃんと」
ひろのり「たいせい　いった　かあちゃんと　ぼくが　はしったら　ちょうめんと　ふうせんくれた」
ひでお「はしったら　色がみ　もらえた」
しゅうこ「うんどうかい　いった　おとうちゃんとおかあちゃんと　あつこと　いった」
難　波「おもしろかった？」
しゅうこ「うん」
よしひろ「ぼく　一とう　だった」
難　波「なにもらったの？」
よしひろ「ちょうめん」
難　波「どこの学校？」
よしひろ「おねえちゃんの　がっこう」
難　波「てつや君も行ったの？」
てつや「むこうの　うんどうかい」
難　波「そう、行ってきたの？　なにがおもしろかった？」
てつや「………」
難　波「わからなくなったの？　じゃあ、おねえちゃん教えて」

ふみよ「たいせいしょうがっこうへ　おばちゃんといって　おかあちゃんは　うちでまってたの」
難　波「そう、よかったね。けんちゃんは行ったの？」
けんいち「いった」
難　波「おもしろかった？」
けんいち「うん」
難　波「みんなとてもおもしろかったらしいね。こんど保育園でも運動会しようか？」
子ども「うん　うん　うん」

十月五日は、保育園の近くの中学校の運動会をみんなで見に行きました。たくましいお兄さんやお姉さんたちの体操を一生懸命見てきた子どもたちは、あそびのなかでも活発にからだを動かして、すもうをしたり、でんぐり返しをしたり、ボール投げなどを、積極的にやりはじめました。

〈十月十日　自由あそびのとき〉

イスの上から一人ずつピョンピョンとんでいる。
及　川「これなんですか？」
ともお「とびばこ」
よしお「かいすいぎ」
及　川「これ、かいすいぎ？　かいすいぎってゆうんですか？　学校行く子だけやってるの？」

ひろのり「ちがう　小さい子も」
及　川「てつや君にもしてもらおう！　てつや君、ハイ」
てつや「一、二、三（イスのうえからとびおりる）」
及　川「うまいですねー」
　箱の上にフトンを重ねてとび箱をつくったり、毛布を重ねてマットのかわりにしてみたり、設備がなにもないので、いろいろと工夫もしました。

〈十月二十日　朝の集りで〉

及　川「小学校の運動会みんな見に行ったでしょ？　このまえ中学校のも行ったし、みんな見るだけで、自分でやりたくない？」
あきこ「やりたい　やりたい」
及　川「運動会やりたい人？」
子ども「はーい　はーい」
及　川「先生もやりたいな」
ひでお「さんせいの人ー」
子ども「はーい　さんせい　さんせい」
及　川「だけど、ヤジエの保育園にはお庭がないでしょ。石がいっぱいあってできないし……」

しょうじ「むこうのほうに　広っぱ　あるわ」
ひろふみ「こうえんで」
及　川「公園で……ね」
はるお「広っぱで」
及　川「広っぱでできる？」
ひろふみ「こうえんのほうが　ええぞ」
はるお「広っぱが　ええー！」
ともお「広っぱ　くさが　いっぱいあるぞ」
及　川「じゃあね、公園と広っぱと保育園の前とあるけど、どこがいい？」
あきこ「この前　この前とこ」
及　川「先生もこの前のところいいと思うけど、あとでみんなで見に行こうね」
広っぱを見に行く。
子ども「くさがあるなー」
及　川「きたないねー」
子ども「犬の　うんこがあるぞー」
　みんなでそろって、広っぱ、保育園の前も運動会ができるかどうか見てきました。
及　川「運動会やる場所見てきたね。どうだった？」

ともお「広っぱの　いけのそば　いかん　はまると　いかんで」
及　川「そうねえ。先生もあそこ、だめだと思った」
子ども「大きい子だけで　やれば」
ともお「いかんが　大きい子だって　はまるが」
及　川「そうね。大きい子だってあぶないよね。それでね、保育園の前でやろうか？　だけどそ
　このお庭でやると困ることがあるねー」
ようこ「小さい」
及　川「小さい？　そう、それから」
ようこ「あそこ　はいっちゃうで　いかん」
あきこ「水たまり」
及　川「そうだね」
しげき「うめちゃうの」
及　川「えっ、埋めちゃうの？　しげき君いい考えだね。埋めちゃうんだって。しげき君てつだ
　う？」
あきこ「てつだう」
ようこ「てつだう」
しょうじ「さんせい　さんせい」

及　川「賛成の人ー」
子ども「はーい　はーい」
あきこ「スコップある」
及　川「あきちゃんのうちにスコップあるんですって。あしたから、あの水たまり埋めましょう！　スコップある人持ってきてくださいね」
しょうじ「どぶ　なおすおじさんが　スコップいっぱいもっているぞ　かりりゃいいが」
及　川「貸してくれる？」
しょうじ「もうおらんか　わからん」
ようこ「きいてくるわ」
及　川「じゃね、しょうじ君とあきちゃんとようこちゃんで聞いてきてくださいね」
しょうじ「ヨシ！」

〈十月二十一日　朝の集りで〉
難　波「みんな、きのう運動会するのにどうするって話したんだっけ？」
あきこ「水たまりのとこ　みんなでうめるの」
難　波「だれか、スコップ持ってきた？」
あきこ「やるとき　もってくるもん」

難　波「保育園にもスコップないから、買おうと思ってお店に行ったけどなかったのよ」
ともお「水たまり　うめんとなー　くつがぬれるぞー」
ひろのり「スピードだすと　べんじょのとこ　はいっちゃうなー」
難　波「どうやって穴ボコ埋めようか？　ジャリしかないね」
あきこ「あの山　くずしゃいいが　あそこから　もってくるの」
（整地をするために前から土がきていたのだが、ほったらかしてあるので固まってしまい、
いくつかの小山ができている）
難　波「あっそうか、いいこと考えたねー」
ともお「はじめ　石まいて　それから　砂をかぶせるの」
難　波「ずいぶん、ぐにゃぐにゃのところがあるね」
あきこ「スコップ　たりんがー」
難　波「そうね、じゃあうちにスコップある人……持ってこれる人？」
子ども「はーい」（朴てつ、ふみよ、よしお、しゅうこ、手をあげる）
難　波「お母さん貸してくれる？」
あきこ「うん　かして　くれるよ」
難　波「なんて言うの」
あきこ「あのよー　うんどうかいするので　水たまりうめるの　スコップかして」

難　波「そう、じゃ借りてきてね」
ともお「ぼく　けいこちゃんとこ　いって　おばさんにたのんでくる」
難　波「そう、とも君とけいこちゃんと二人で頼むの？　じゃあ行ってきてください」
　子どもたちは、スコップのある家に借りに行ったり家から持ってきたりして、大きいおとな用のスコップが四本ばかり、ほかに小さいシャベルと、だいぶ道具がそろいました。
　大きい子どもは、スコップをたくみに動かして、山をくずします。小さい子どもはバケツをかかえて土を運びます。二、三人位ずつ、グループになって、オデコに汗をにじませながら、おとな顔まけの仕事ぶりです。
しょうじ「おい　二人で　もってこまい」
難　波「よし、いいかい（大きなバケツに土がいっぱい入っています）、よいしょ！」
しょうじ「ぼく　力が　あるだろ！」
ようこ「よしおちゃん　かつぎゃー」
　（太い棒を　バケツに通して肩にかついで運んでゆきます）
よしお「ヨシ！　おもいなー」
　二歳児、三歳児の子どもも、砂を自分で見つけた箱に入れて水たまりに運びます。午前中、一時間半はたっぷり働いたでしょう。ところが食事がすんで、いつもですと本を読みはじめるのですが、いちばんに食事をすませた高野君が……

ひろふみ「ぼく　はたらいてくるぞ！」
ともお「ぼくも　いくぞー」
あきこ「あたしも　いくー」
しょうじ「よし　はたらくぞー」（スコップをかついでとんでいきます）
エネルギッシュな行動力に保育者の入る余地がないほどです。

〈十月二十二日　朝の集りで〉
子どもたちが丸く座る。
よしお「きょうも　あの　どろのとこ　つづきやろ」
及　川「先生たちもういやだよ。くたびれるものいやだよ」
ともお「せんせいたち　やらんときゃ　いいが」
あきこ「せんせいたち　やらんでもええが」
及　川「そう、先生やらなくてもいいの？　あのね、きのう及川先生は事務所でレンガのお手紙を書いていたのよ。みんなはなにをやったの？」
ようこ「あのな　砂　やったの」
及　川「そうだね。みんな一生懸命やったね」
ひろふみ「きょうも　つづけてやるの」

及　川「先生はみんな疲れるから、やめようと思ったのに……」
あきこ「せんせー　やめれー」
及　川「なんでそんなに一生懸命やるの？」
あきこ「うんどうかい　やるんだが」
ようこ「じぶんの　力でやるの」
ひろふみ「力を　だすんだが」
及　川「じゃあ、先生もきのうやっていないからきょう一生懸命やります」
ようこ「もう　ちょこっとだが」
及　川「きょうもがんばる人？」
子ども「はーい」
ともお「せんせい　てつ君も　えいこちゃんも　やると」
及　川「てつや君もやるんですか？」
おさむ「はこに砂　いれて　とらっくで　はこんじゃうんだがなー」
てつや「うん　うん」
及　川「すごいね。じゃあ、みんなでやりましょう！」
　きょうもまた、子どもたちはエネルギッシュな活動を続けました。山はどんどん崩され、ぬかるみは埋められていきます。ところが、次の日は日曜日でお休み、月曜日に登園してきておどろいたことには、山はまったくなくなってぬかるみもきれいになっているのです。

〈十月二十四日　朝の集りで〉

及　川「きょう保育園にきて、みんな気のついたことない？」
しょうじ「うんどうかい　やるときのために　山くずした」
あきこ「おじさんや　おばさんがやったの」
及　川「どうして？」
ようこ「子どもが　やった　もんじゃ　えらいでよー」
あきこ「スコップで　どん　どん　やった」
ようこ「おとなが　一人ずつでてきて　やった」

子どもたちの話のようすで分かったのですが、きのうの日曜日に、住宅から一人ずつ出て整地作業をしたらしいのです。

及　川「じゃあ、もう子どもはやらなくてよくなったのね。つまらないね。きょうは運動会の練習しようか？」
子ども「わーい　わーい」
及　川「運動会のときなにがしたい？」
よしひろ「つなひき」

ひろのり「つなひきと　うんどうかいと　たいそう　やる」
しょうじ「もっとよー　つなひきと　でんぐりがえし」
ひろふみ「つなひきとよー　はことび」
て　つ「つなひきと　でんぐりがえし」
てつや「うんどうかい」
おさむ「どんぐりがえし」
あきこ「さかだち」
及　川「じゃあ、みんなのやりたいこといっぱいやりましょうね」

〈十月二十五日　朝の集りで〉
難　波「きのうみんな運動会の練習したでしょう?」
しょうじ「でんぐりがえし　した」
よしひろ「はしったり　つなひき……」
難　波「どうゆうのが運動会?」
ともお「はしったり　するのー」
ひろのり「でんぐりがえしもー」
よしお「たいそー」

難　波「そうね、体操だってでんぐりがえしだって運動会だよね。じゃあ、なんで運動会をやるの?」
あきこ「じょうぶになるでー」
ようこ「手が　よわくなると　いけないから」
ひろのり「たいそう　せんでいると　しんじゃう」
あきこ「からだや　ほねが　つよく　なる」
ひろふみ「たいそう　やらんと　血がなくなって　しぬー」
しょうじ「たいそうやらんと　ほねがわるくなるー」
難　波「そうだね。体を丈夫にしたり骨を丈夫にしたりするのね。ちょっとひろふみ君、でんぐりがえししてごらん。（実際に一回だけやる）ほら腕も足も使ったでしょ?　だからでんぐりがえしだってよい運動になるんだよ」

秋空の下、いよいよ運動会です。みんなで力を合わせてやる競技を選んで、こんなプログラムを組みました。お母さんも、おおぜい参加してくださり、ほんとうに楽しかったですね。

プログラム

1、子どものあいさつ
2、うんどう会のうた
3、お散歩体操
4、特急“こだま”
5、レンガの家をつくりましょう
6、ボール受け
7、ヤジエサーカス
8、月の世界へ
9、みんなつよいぞ
10、みんなともだち
11、子どものあいさつ
12、お母さんのつなひき
13、お母さんのふうせんわり

本の係を決めよう

保育園には、たびたび本が送られてきます。東京の保育園から、親切なおじさんから……。おかげさまで豊富に本があるので、子どもたちもとてもよろこんで読んでいるのですが、ちっとも本を大切にしないのです。読みっぱなしの、出しっぱなしで、破いても知らん顔をしています。もらうことが平気になっている子どもたちは、少しぐらい注意しても聞こうとしません。そこで、破れてボロボロになったのだけ集めておきました。ずいぶんたくさんになってしまったので、それを見せながら、正しい本の扱いかたについて話し合いをしてみました。

〈十月八日　朝の集りで〉
難　波「(紙包みを見せながら）なにが入っているんだろうね？」
子ども「本　本」
難　波「なかからなにかとび出すかもしれないよ」
子ども「うそ　うそ」
あきこ「みえる　本だ」
難　波「じゃあね、本だと思う人？」
子ども「はーい」
難　波「ビックリバコだと思う人？」
子ども「はーい」
難　波「おかしだと思う人？」
子ども「はーい」
難　波「それでは開けてみます」（紙包みを開けようとする。少しなかの本が見える）
ともお「とうきょうから　送られてきた　本だ！」
難　波（全部開けて見せる）
よしお「本だ　ようちえんの　ボロボロの本だ」
子ども（がっかりした顔で見ている）

難　波「どうしてこんなにボロボロになったの」
ひろふみ「みんながやぶるもんじゃー」
難　波「ひろふみ君だって破いたんでしょ」
ひろのり「小さい子がやぶった」
難　波「あら小さい子だけ？　ひろのり君は破ったことない？」
ひろのり「やらんがやー」
子ども（子どもたち、人のせいにしてつつきあっている）
難　波「みんな自分だって、やったんでしょう？」
しょうじ「みんなが　やったんだー」
難　波「そうよねー」
しょうじ「せんせい　くずやに　うったらええ」
ともお「そうすれば　せんせいもうかる」
難　波「みんなね、いっぱい東京から本が送られてきたでしょう。うれしい？」
子ども「うれしいー」
難　波「だけどね、みんながボロボロにしちゃって、みんなの本ちっとになっちゃったよ。ほら
　これ、マキの本ね（見せながら）。この本、子どもたち好きでしょう？」
子ども「うん　うん」

難　波「これ、ウラだけ破れているね。こんなのどうしょう？」
ひろふみ「はっつけるの」
ひろのり「テープで　はるの」
難　波「そうね、じゃあね、こんなにボロボロにならないようにするにはどうしたらいいの？」
ふみよ「ひっぱらんの」
けいこ「やぶかんの」
あきこ「しずかにみるの」
ひろのり「おとうばんが　いかんていうの」
よしお「おとうばんが　くばるの　しまうの」
ひろゆき「やぶった子　べんしょう　するの」
しげき「やぶった子は　もう　本なしで　とうきょうに　送っちゃうの」
ひろふみ「やぶった子は　もうみせてやらん」
て　つ「やぶった子は　おもてにだして　しばるの」
ともお「本の　かかり　きめるの」
難　波「いいなー。本の係を決めるの、とも君のいい考えだなー。じゃあどういう子が係になるの？」
ようこ「りっぱな子」

難　波「立派な子ってどういう子だろう?」
よしお「ちゃんとよー　本くばるの　テープで　なおす子がよー　やるの」
難　波「そうね、じゃあ係を決めましょう。きょうはだれにやってもらう?」
子ども「はーい　はーい」
難　波「それじゃあね、いまはお当番にやってもらって、あとで係を決めようね」

破けていないきれいな本を出してきて、みんなで見ました。お当番の子が、ひっぱり合いをしている子を注意したり、読んでしまった本を集めたりしています。その後、本の係を決めました。破けている本はみんなセロテープではって、大切にするようになり、いまでも子どもたち自身で破けていないか点検していますし、読みっぱなしや出しっぱなしはなくなりました。

本の係の子どもが「せんせい、テープテープ、ほら『ヘンゼルとグレーテル』がやぶれてしまっとるがー」ときょうも破けた本を一生懸命直しています。もらうことが平気だった子どもたちも、大切にしないと本が少しになってしまうのを知ってから、おたがいに注意しあって、係も責任をもって本の始末をしています。

ドロンコになったズボンをだれが洗うのか

朝登園してきてまもなく、大きい子のほとんどが、いなくなってしまいました。

そのうちドロンコになった三歳の愛三君をつれて全員戻ってきました。どうやら、またエビガニをとりに行ってきたようなのですが、他の子はみんな大きいのでドロンコにはなっておりません。そこで、愛三君のズボンを、だれが洗うべきかを、みんなで考え合いました。

〈十一月八日　朝の集りで〉

及　川「先生の声は風邪をひいています。そのまえはおなかが痛かったでしょう……。先生の体はガタガタにこわれています。だから小さい声で話をします。名前を呼ばれた人は静かに立ってください。よう子ちゃん、あいぞう君、ひろふみ君、しょうじ君、ひろのり君、とも君、はるお君……座っている人たちは、立っている人たちの洋服を見てください。じっと見てください」

子ども「ドロ　ドロ　ドロ」

及　川「あいぞう君のおでこ見てごらん」

子ども「ドロ　ドロ」

及　川「ドロンコついているの、みんな分かるね。どうしてドロンコがついているんですか?」

子ども「たんぼに　いったで」

及　川「たんぼ、行っていいんですか?」

子ども「いかん　いかん」

及　川「だまってたんぼに行ってはいけないってこと、ずっと前約束したね。それなのに、またきょう先生が知らないうちに行っちゃったの?　あの子たちはどこへ行ったんでしょう……。先生は心配で心配で顔が青くなってきたの……。こっちにいるのも及川先生一人だけでしょう?　そしたらね、ドロンコになって帰って来たの。だれがたんぼに行こうって言ったの?」

ひろふみ「はるお君が　いけ　いったんだがやー」

ひろのり「はるお君が　たんぼにいこまいって　いったんだもの」

あきこ「ドロンコになるで　いやだいえばいいがね」

及　川「そうよね、いまあきちゃんが言ったみたいに、行くのいやだって言えばよかったよね」

あきこ「ずっとせんね　せんせいに　どこにいくっていって　いかにゃいかん　やくそくしたがや」

ひでお「エビガニ　とりにいったら　いかんがー」

及　川「先生はいいと思います。だけど、だまって行ったら分からなくなるでしょう?　どういうとき、エビガニとりにゆけるんだっけ?」

よしお「せんせいが　いきたいときに　いくの」

けんいち「せんせいが　ひまなとき　いくの」

あきこ「せんせいに　よくきいて　いってもいいって　いったらいくの」

及　川「そうだったわね。みんなよくおぼえておいてね」

(ドロドロになった愛三君のズボンを出す。)

及　川「さあ、このズボンを見てください。こんなの、あいぞう君おうちに持っていったら、お母さん怒っちゃうよね。どうしょうか?」

ともお「せんせいが　あらうの」
及　川「先生が洗うの？　そんしちゃうわ」
ひでお「あいぞう君が　あらうの」
よしひろ「水どうで　あらって　かわかして　かえすの　せんせいが　あらうの」
ひろのり「はじめね　しん君と　たかの君が　あらうの」
ひろふみ「あいぞう君が　あらうの」
ようこ「あいぞう君の　おばさんが　あらうの」
及　川「みんなよく考えてね。ドロンコにしたのはだれの責任なんでしょう？　責任の人に洗ってもらいましょう。愛三君が洗うのか、お母さんが洗うのか、連れていった子が洗うのか、先生が洗うのか。今の四つのうち一つだけに手を上げてね。連れていった子が洗うのがいいと思う人？」
子ども「はーい」（ほとんどの子が上げる）
及　川「お母さんが洗ったほうがいいと思う人？」
子ども「はーい」（二、三人）
及　川「愛三君が洗ったほうがいいと思う人？」
ひろふみ「はーい」
及　川「先生が洗ったほうがいいと思う人？」

子ども「はーい」（二、三人）
及　川「それでは、連れていった子どもたちに洗ってもらいましょう。先生もそのほうがいいと思うわ。こんなに小さい愛三君（三歳児）を連れて行ってドロンコにした責任だもの」

けっきょく愛三君を連れていって、ドロンコにした責任ということで、連れていった子どもたち（五・六歳児）が、みんなで洗うことになりました。バケツに水をくんできて、洋服のそでをまくしあげ、二人ずつ組になり、かわりばんこに洗いはじめました。

「うわーい　おもしれーな」

「みんながドロンコにすると、お母さんはそうやって洗わなきゃなんないのよ」

責任をとらせるつもりでやらせたお洗濯も、子どもたちにとって、たいへんおもしろい仕事になってしまったようでした。

三百円ものがたり

〈十一月十日　朝の集りで〉

及　川「きょうは、とってもとってもうれしいことがあるんです」
子ども「てがみ　てがみ　まみちゃんとこから」
及　川「ちがう、ちがう。井の頭保育園から……」
子ども「いのがしらほいくえん？」
及　川「そう、及川先生、この前東京に行ったでしょう？　そのとき井の頭保育園に寄ってきたの。先生のお友だちがいるの」
子ども「ようけい　友だちいるなー」
及　川「井の頭保育園に行ったらね、子どもたちが、豊川保育園の先生が来た来たって言ったの。それで、及川先生は豊川保育園をやめて、ヤジエ保育園の先生になりましたって言ったの。そしたら井の頭保育園の子どもたち、ヤジエ保育園を知ってたのよ。ラジオやテレビで知ってたんですって」（手紙をとり出す。なかからちょっとお金が見える）

子ども「あっ！　あっ！　すごい！」
及　川「一枚、二枚、三枚」
子ども「三百円も」
及　川「なんで、お金送ってくれたんでしょうね」
あきこ「びんぼうだで」
よしお「たいふうで　かわいそうだもんで」
ひろのり「たいふうがくるで　送ってくれたの」
ふみよ「かわいそうだもんで」
及　川「そうね、どうして送ってくれたのか。じゃ手紙も入ってるから読みましょう」

及川先生がきたとき　お金をあげるやくそくをしたから　あげます　みんなが　お金をためたから　すきなオモチャを　かってください　こくばんをかうといいよ　もしか　大きいのが　かえなかったら　小っちゃいのを　かうといいよ　大きいのがかえたら　大きいのをかうといいよ　はくぼくも　かってください
　けんかをしないで　つかうといい　ぼくは　おこずかいを　あげたんだよ　ぼくは　おこずかい　もっていたけど　お母ちゃんに　とられちゃった　だから　もってこられなかったんだよ　あたしは　お母さんに　もらったの　ぼくは　お父さんからもらったの　こんど

ヤジエ保育園の子どもと　なかよしになりましょう　及川先生も　なかよしになりましょうって言ってたよ

さようなら

十一月二日

井の頭保育園のりすぐみの子どもより

及　川「りす組っていうのはね、ヤジエ保育園の大ぶた組と同じ年の子どもだよ。このお金、なんで送ってくれたんですって？」

子ども「こくばんかいなさいって　はくぼくもー　オモチャー」

よしお「はくぼくも　こくばんも　あるがやー」

及　川「そうね、保育園にあるわね。じゃね、このお金でなにが買いたいかみんな考えて！」

子どもたち腕ぐみをして考える。

及　川「さあー、それではみんなのほしいと思うものを、一人ずつ順番に言ってもらいましょう」

あいぞう「ダンプカー」(三歳児)

てつや「ダンプカー」(二歳児)

ただし「おだんごパン」(三歳児)

しゅうこ「スコップ」(四歳児)

及　川「どうしてスコップがほしいの？」

しゅうこ「あそびたいで」
みちこ「スコップ」（四歳児）
かずみ「スコップ」（四歳児）
しゅういち「ひこうき」（六歳児）
及　川「どんなひこうき？」
しゅういち「？………」
けんいち「ロボット」（六歳児）
及　川「どうしてほしいの？」
けんいち「あそびたいもんじゃ」
ひでお「オレ　なんでもええ」
ゆういち「ロボット」
ふみよ「おにんぎょうさん」
しょうじ「スコップかって　ようちえんの　にわを
　　ひろくつくるの」（六歳児）
及　川「庭をつくるの？」
しょうじ「木もうえるの」
まさよし「ロボット」（五歳児）

しげき「オモチャの　きゅうきゅう車」（四歳児）
て　つ「ロボット」（四歳児）
ともお「シャベル　もっとよー　みちひろくするの」（五歳児）
ひろふみ「なんでもいい」（六歳児）
はるお「ロボット」（六歳児）
ひろのり「シャベルと　スコップ　石どかして　木うえるの」（六歳児）
ひろゆき「ひろくして　うんどうかい　するようにするの」（五歳児）
あきこ「マンボスコップ」（六歳児）
及　川「なにするの？」
あきこ「花を　うえるの　あのね　土ほっちゃってー」
ようこ「スコップかって　花うえるの」（六歳児）
よしお「オモチャ」（六歳児）
及　川「なんのオモチャ？」
よしお「あきちゃんと　おんなじ」
しょうじ「庭ひろくしたほうがええ！」
及　川「いい考えだね！　庭を広くしてきれいにして、花を植えるのいいね！　ほんとうの保育園になってくるね。いまほしいものがいっぱい出たけど、もう一度よく考えてほんとうにながほしいか、一つだけに手を上げてください。じゃね、スコップがいいと思う人？」
子ども「はーい！」（十名手を上げる）
及　川「ロボットがいい人？」
子ども「はーい！」（五名手を上げる）
及　川「ダンプカーがいい人？（二名、その他も一、二名ずつ）いちばん多いのはなんですか？」
子ども「スコップ」
及　川「そうね、それじゃ土曜日に、スコップを買いに行きましょう」
　いちおうスコップということに決まり、これでけりがついたかのように見えたが、ここでロボットの子がワイワイ不満をうったえ、スコップの子とたいへんな口げんかになってしまった。
及　川「スコップがいい人、ここに並んでください！（一列にならばせる）ロボットのいい人はこっちに並んでください！　そしたら、ロボットの子とスコップの子と向かいあって座ってください。（子どもたちやっと静かになる）スコップのいい人たちね、このロボットのいい人たちにね、スコップ買ったほうがいいっていう考え、教えてやりなさい」
あきこ「スコップかっちゃうの　もう　かっちゃえ！」
ロボットの子「ヤー　ヤー　ヤー　イヤー　イヤー　イヤー！」
及　川「困ったね。いやだって言ってるよ」（スコップの子どもたちに）

しょうじ「庭きれいに　するんだぞー」
ロボットの子とスコップの子と、ついに足でけんかをはじめる。
及　川「けんかしてもしょうがないでしょう。どうしてスコップ買うほうがいいのか、もう少し
　　ちゃんと教えてあげなさい」
スコップの子「木うえるんだぞ！　庭ひろくするんだぞ！　花もうえるんだぞ！　かきねやもん
　　つくって　ほんとうのようちえんみたいに　するんだぞ！　そのほうがええとおもわん
　　か！　きれいに　するんだぞ！　ロボットなんて　あそぶものなんか　うちで　かって
　　もらえー！」
ロボットの子、だんだん、静かになってくる。
しょうじ「せんせいは　どっち　ええとおもう？」
及　川「先生もスコップがいいと思うな。花植えたら、きれいだもんね」
スコップの子「あっ！　てつ君きた　おい！　たかのもこい！」
スコップの子どもたち、一生懸命ロボットの子どもたちを呼びよせている。一人減り二人減り
してついに全員スコップの子どもたちのほうへ移った。
及　川「じゃ、スコップがいい人、ここに並んでください。（全員並ぶ）ロボットいい人、こっ
　　ちに並んでください。（だれも並ばない）あれー、一人もいない……」
子ども「あっははは……」

及　川「みんな、スコップがいいの？」
子ども「うん　うん　うん」
及　川「ほんとうに？」
子ども「うん　ほんとうに」
及　川「それじゃ、スコップ買って、みんなで庭をきれいにしましょう！」
子ども「ウワー　ワー　ワー」

みんな肩を組んでとびあがる。そのうち、重なりあって転んだが一人として泣く子はいないたいへんなよろこびようだ。

井の頭保育園へお礼の手紙

（十一月十二日、大ぶた組のみんなで井の頭保育園へお礼の手紙を考えた）

りすぐみの子どもたち　お金くれて　どうもありがとう　うれしかったよ　こくばんあるから　スコップかうよ　ロボットや　スコップがいいって　けんかになりました　そうしてみんな　スコップに　なりました

スコップで　お庭を　きれいにするの　石をどかして　花場もつくります　だれも入らんように　かきねして　門の戸をつくります　みんな　いっしょうけんめい　つくります　こんどの　土ようび　スコップかうことに　なりました

大ぶた　中ぶた　小ぶた　ってじぶんの組をつくりました　まいにち　レコード　かけて　あたまに花をつけて　おどります　つくえを　ぜったいつかったら　いけませんって　先生がいったから　もう　つかいません　いすも　先生が入るじむしょに　入らんことになりました　いつも　すべり台や　ブランコで　あそんでるよ
ぼく　たいふうのとき　がっこうに　にげたよ　ぼくは　二かいに　にげたよ　みちおちゃんは　日本のうえんに　なって死にました　ぼくの弟です
井の頭ほいくえんて　どういうほいくえんですか　井の頭ほいくえんの子　いっぺん　ヤジエに　あそびにきてください　お友だちに　なりましょう　さようなら
井の頭保育園のりす組の子どもたちへ
ヤジエ保育園の大ぶた組の子どもより

みんなで考えて、できあがった手紙を、近くのポストへみんなで出しに行った。


〈十二月二日　スコップを買いにデパートへ〉

子どもたちは、お昼のパン代として二十円持っただけで、バスで三十分もかかる栄町の松坂屋デパートへスコップを買いに出かけました。

さまざまな車の通る大通りを見ながら、子どもたちは大さわぎでした。「あれがスバル三〇〇だよ」東京に行っておぼえてきたばかりのひろのり君が、一生懸命みんなに説明していました。

デパートへ着いて、まず地下の食料品売り場を見ました。クリスマスのかざりで、とてもきれいでした。子どもたちは眼をかがやかせて、ためいきまじりの低い声で「ウワー　ウワー」と、指をさしながら、言っていました。一階、二階、三階と階段をのぼりながら順番に見てゆきました。あまりのおどろきにどうしても言葉にならなかったのでしょう。やはり、ただ「ウワー　ウワー」と言いながら指さしをしているだけでした。

絵本を売っているところに来たとき、はじめて「せんせい　これかってー」と言いました。「そんなもんかったらスコップかえんぞー」と一人の子どもが言ったら、みんな思いかえしました。どの子もデパートに来た目的をしっかりと持っていたようでした。「スコップかって　お金があまったら　この本かってー」ということになり、そこでまずスコップを買うことにしました。

「あら、このスコップ一本三百五十円だって……」

「ほんじゃ　お金たりんなー」

「しかたがないから　それじゃ保育園のお金をたしましょう」

三百五十円の大きいスコップ三本と、九十円の小さいシャベルを五本それぞれ子どもたちが持てるように包んでもらいました。

それから地下まで、パンを買いにエレベーターで降りました。ドアの開くたびに「あっ　これまほうだ！　またかわっちゃった！」とおどろいています。パン売り場にはめずらしいパンがいっぱい並んでいました。けれども、みんな一個十五円以上でした。「困ったね。みんな二十円しか持ってこないのに、高いものばかりで」と言いながら、それでも、自分の好きなパンを二個ずつ自由に選ばせることにしました。「そういうパン、いつも食べてるじゃないの。もっと食べたことのないパンを選んだら」と言っても、ほとんどの子は、いつも食べてるようなものを選んでいました。食堂には入れないので、少し寒かったけれど屋上に出て、買ったパンを、それこそおいしく食べました。

昼食後、少しあそんでゆくことにしました。お金を出さなくてもいいのは、スベリ台だけだったので、はじめはそこであそんでいたのですが、そのうち、他の乗りものに心をうばわれてゆきました。よそのうちの子が乗るのを、みんなだまって見ているだけでした。

「あんたたちは乗りたくないの?」

「のりたい! のりたい!」

「どうしてそう言わないの? それじゃね、いっぱい乗りものがあるけど、いちばん乗りたいと思うもの、一つだけ乗ってもいいことにしましょう」

自分で切符を買って「いってらっしゃい!」とみんなに見送られ、飛行機に乗る子どもたちの顔は、ほんとうにうれしそうでした。下では他の子がみんなで見守りました。その次は自動車、それからダンボ。遅くなるので二時頃帰ることにしました。

「せんせい まだお金ある?」

「バスに乗るだけあるよ」

「そんじゃ　本かえん」

「本は　じぶんのお金で　かえやいいが」

「そうね、本はまたあとにしましょう」

こうして子どもたちは、手に手にスコップを持って、保育園に帰って来ました。デパートのめずらしい品物に、まどわされることなく、目的のスコップを買って、みんなで保育園をきれいにしていこうという考えが、忘れられていなかったようでした。

〈十二月三日　朝の集りで〉

及　川「きのうデパートに行って、いちばんほしかったもの、いちばんおもしろかったことはなんでした？　小さい子にデパートの話、教えてあげましょう」
ともお「いちばん　ほしかったのは　スコップ　そんでなー　サンタクロースも　あったんだぞ　そんでなー　ぞうさんのすべり台もあったし　カンガルーのすべり台もあったぞ」
ひでお「いくときなー　じどうしゃで　くろいぶたみた」
ともお「牛だよー」
ひでお「牛みた」
けんいち「ひこうきにのって　うんどうかいみえた」

よしお「んとよー　いちばんおもしろかったのはよー　ダンボ　のったのがおもしろい　いちばんほしかったのは　サンタクロースの　おかしの入った　くつ」
及　川「よしおちゃん、どうしてほしいって言わなかったの?」
よしお「んとよー　いってもよー……」
及　川「言っても先生買ってくれないと思った?」
よしお「うん」
ともお「ぜに　いるで」
ひろふみ「いちばんほしかったのは　ダイヤモンド」
及　川「ダイヤモンドってどういうの?」
ひろふみ「ピカピカ　ひかっているの　いちばんおもしろかったのは　ひこうき　パンも　二こずつ食べた」
あきこ「いちばんおもしろいの　じどうしゃ　ひろのり君と　ガチャガチャ　ぶつかったの」
及　川「エスカレーターとエレベーターにも乗ったでしょ。あれはおもしろくなかった?」
子ども「おもしろかった」
ともお「エベレーター　まほうだよ」
及　川「どうして魔法なの?」
よしお「しらないうちに　かわるで」

及　川「魔法だと思った人」
子ども「はーい」
及　川「じゃ、教えてあげましょう。（黒板にデパートの絵を描く）ともおちゃん、エベレーターって言ったけど、エレベーターだよ。みんなで言ってごらん」
子ども「エレベーター」
及　川「エレベーターは魔法なんかじゃないよ。エレベーターは機械よ。階段をのぼるの、くたびれちゃうでしょう？　だから頭のよいおじさんが、下からずーっと上まで一ぺんに行けるといいなーって考えて、エレベーターをつくったの。このなかにむずかしい機械がいっぱい入っていて、この機械が動くと、みんなの乗ったこの箱が上に行ったり下に下がったりするのよ」（絵をさしながら説明をする）
よしお「あっ！　そうかあー！」
子ども「わかった　わかった　なーんだ」
及　川「魔法なんかじゃないのよ」
「それでは、きのうのおみやげをお当番に開けてもらいましょう。（お当番包みを開ける）いっぱいあるでしょう。これどういうふうに使う？」
ともお「たいせつにします」
ひでお「たいせつにする」

及　川「どういうふうに大切にする?」
ともお「足かけない」
及　川「あら、スコップは足かけてもいいでしょう?　どう大切にする?」
子ども「?………」
及　川「使ったら、そのままほっとくの?」
ともお「せんせいのへやに入れとくの」
あきこ「じむしょに入れるの」
しょうじ「紙しいてよー　せんせいのへやに入れとく」
及　川「ずっと前、加藤先生がいっぱいシャベルくれたでしょう?　あれはどうしたの?」
しょうじ「ぬすんでったの　がっこうの子が」
及　川「どこに置いたの?　ほっといたからでしょう?」
ひでお「せんせいがもってかえるの」
及　川「えーっ、こんなにたくさん、先生が毎日家に持って行くの?　大変だよー」
ひろふみ「ハンドバック　もってないがー」
としお「ハンドバック　なんばせんせいに　もってもらうの」
ともお「くたびれちゃうよね　あっ!　あした日ようびだぞ　がっこうの子くるぞ!　あんぽはんたいって　いうの　ほいくえんでばんぺいする!」

しょうじ「じょうかけてよー　せんせい　かぎもってる」
あきこ「じょうかけておきゃ　いいが」
ひでお「じょうかけんからいかん」
及　川「そうね、先生たちもいままで鍵をかけなかったから悪かったわ。でも、子どもたちも使ったらちゃんとしまっといてね」
子ども「うん」

〈十二月六日　絵画の時間〉

及　川「これはなんですか?」
子ども「スコップ」
及　川「みんなで買ってきたスコップね。ここはなんでできてるの?」
子ども「きん　きん」
及　川「金かしら?」
あきこ「てつ」
及　川「そう、鉄ね。それからあと、なにを使ってあるかしら?」
子ども「木　木」
及　川「そうね、スコップは鉄と木でできてますね。このスコップ、ずいぶん背が高いですね。

てつや君と背くらべしてみましょう」

子ども「てつや君のほうが　大きい」

及　川「てつや君のほうが高いね。じゃ、今度はえいこちゃん」（小ぶたぐみ全員スコップと背くらべをする）

「ヤジエ保育園には、スコップより小さい子は一人もいませんね。それじゃきょうは、みんなでスコップの絵を描きましょう。スコップはどんな形か、よーく見て、考えて描きましょう。それじゃお当番、みんなに紙を配ってください」

子どもたち、しばらくスコップを見つめたりなでまわしていたが、そのうち描きはじめる。

〈十二月八日　みんなで庭を〉

及　川「さあ！　きょうは、みんながやりたいやりたいって、言ってたことをやりましょう！」
子ども「あっ！　スコップ」
子ども「花うえて　かきねつくるの！」
及　川「そう、きょうからみんなで庭をつくりましょう！」
子ども「ウワー！」（手をたたく）
及　川「きょう、大ぶた組の子、どういうお庭をつくりたいか絵に描いたでしょう？　きょうから、ほんとうにスコップを使って働きます！」

子ども「ウワーイ　ウワーイ！」（とび上る）
及　川「それでは、お当番、スコップを出してきてください。（スコップを出してくる）困ったね、八本しかないんだけど……」
ひろのり「大ぶた組　だけで　やればいい」
しょうじ「かわりばんこに　やるの」
及　川「そうね。じゃね、ごはん食べるまで大ぶた組の子どもがやって、ごはん食べてから中ぶた組と小ぶた組にやってもらいましょうか。それでいい？」
子ども「うん　うん」
及　川「それでは大ぶた組はじめ！」
　はじめに、花畑をつくることにしました。場所をどこにするか、みんなで考えました。場所が決まると、花畑にする広さを、みんなで考えました。広さが決まると、パンパンの土をみんなで掘りはじめました。

〈十二月九日　球根はたまねぎじゃない〉
土　方「これはなんでしょう？」
ともお「花のたねだろ」
よしお「たまねぎ」

土　方「お花の球根って言うの。なんていう花だか知ってる？」
子ども「ちゅうりっぷ」
土　方「このチュウリップ、どっちが上だと思う？」
子ども「芽のでるほう」
土　方「とんがっているほうが上ね。きょうは球根の絵を描きましょう」

　午後からまたみんなで、畑つくりをしました。やわらかくした土を踏まれないように、木を拾ってきてまわりにさしました。

〈十二月十日　丈夫な花に〉

ひろふみ「きょうよー　お花ばたけの木　たおれちゃった　くつのあとがあった！」
及　川「おとなの？」
しょうじ「まさよしと　しょういち入った！」
ひろゆき「きはちも　入った」
けんいち「小っちゃい子が　砂場して　あそんでた」
て　つ「がっこうの子も　あそんでた」

　みんなで外に出てみました。たしかに、木は倒され土はめちゃめちゃに踏みつけられていました。それで、また、みんなで畑つくりをしました。あきちゃんの家から、ふるいをかりてきて、石ころをとりました。やっと、やわらかい土になりました。
及　川「さあ、それではお花のごはんをやりましょう」
ともお「なに？　それ　灰みたいだな」
及　川「チュウリップのごはんだよ。みんなだって、ごはん食べるでしょう？　花もおんなじだよ。これを上にまぜておくとね、チュウリップの根っこが栄養を吸って、みんなみたいに丈夫な花になるの」
それから肥料を土の中に入れました。みんなで一生懸命かきまぜました。この日はここまでにしました。踏まれないよう、また木を拾ってきて、柵みたいにつくりました。次の日は日ようびなので、花畑をこわされないように、みんなで番をすることに決まりました。

〈十二月十一日　やっぱり　だめだ！〉
子ども「せんせい！　やっぱし　だめだ！　めーちゃくちゃ！　いっても　いうことききゃせん！」
みんな、がっかりしたような表情でしたが、それでも、それなら今度はどうしたらいいかと考えあいました。「ゆか板はがして　えんのしたに　うめればいい」という考えも出ましたが、けっきょく植木鉢に植えて部屋のなかに置くことに決まりました。
今までのようすを、井の頭保育園の子どもたちに教えてやろうと第二信をみんなで考えあいました。

井の頭保育園の子どもたちへ
井の頭保育園の子どもたち　げんきですか　三百円くれて　どうもありがとう
大ぶたの子が　デパートへいって　三百円では　たらなかったので　せんせいたちのお金といっしょにして　スコップを　かいました　スコップは　大きいのと　小さいのです　小さいのは　えが　赤いのです　けんちゃんは　かえりのとき　バスの中でねました
スコップは　みんなで　かわりばんこに　つかって　います　スコップをかって　みんなで　花ばたけを　つくったけれど　がっこうの子が　こわして　めちゃめちゃにして　土でふねをつくったり　山をつくったの　だから　ほいくえんのなかで　うえきばちに　ちゅうりっぷを　うえます　さようなら
十二月十二日
ヤジエ保育園の子どもより

〈十二月十三日　午後〉
植木鉢とスコップを持って、近くの畑に土を取りに行きました。一番はじめに石ころを一つ入れて、それから少しやわらかい土を入れ、その上にチュウリップの球根をそっと置きました。芽の出るほうと根の出るほうをまちがえないように置きました。それから、またやわらかい土を、さらさらとかけました。そうして、大事に保育園まで抱えてきました。

部屋のなかなので今度は大丈夫です。誰もいたずらしません。小さい子も「芽がでたかなー」と毎日のぞいています。水をやる係も決めました。てっちゃんとよしひろちゃんです。毎日、忘れないで水をやります。みんなが、丈夫に花の咲くのを楽しみに待っています。

〈一月九日　芽を出したチューリップ〉

「芽がでてるぞー！」

「チューウリップが　芽だしたぞー！」

お正月のお休みが終わって、保育園に来てみたら二つ三つ芽が出ていたので、みんなで大喜びしました。それから、いつまで待っても芽の出てこないのがありました。心配して土を掘ってみたら、小さい芽がちょっこり出ていました。「きっと、土をかたく入れたので、苦しくて芽を出せないでいるんだね」と言いながら、みんなで土をやわらかくしてやりました。

〈二月九日　大事に育てよう〉

もうみんな、太くて、丈夫そうな芽を出しました。「早く花がさくように　もっとストーブもやして　あったかくしてやろうよ」「あったかいだけじゃ　だめなの　おひさまのひかりもあてなくちゃ」
お天気のいい日には、みんなで植木鉢を外に運びました。小さい子も運びました。こわさないように、大事に運びました。早く花が咲くといいなと思いながら、みんな大事に育てています。

井の頭保育園から送られた三百円をきっかけとして、子どもたちはこんなにもたくさんのことを、見たり、感じたり、考えあったりすることができました。保育者もまた、その時々に応じて、子どもたちとは違ったものを感じたり、考えさせられてきました。

たとえば、デパートへ行ったとき、同じ子どもでありながら、一方はすばらしい洋服を着て抱えきれないほどの買い物をすることができる。この違いを、疑問として、子どもの心に呼び起こしたい。

また、何度つくってもこわされてしまう花畑を「今度こそ、こわされなくてもいいようにしよう」という消極的な考えかたに終らせるのではなく、こわしたものへの正しい怒りを育てなければならないと考えさせられました。

この物語は、まだまだ、続くことでしょう。そして子どもたちの生活を、豊かなものにしてくれることでしょう。

デパート　いしかわ よしお

おれたちで　まきわろう

十二月に入り、この保育園も二度目の冬を迎えました。くつ下もはかないでとびまわっている子どもたちですが、二、三歳児は寒さにふるえて、朝の登園もいやがる始末です。どんどん寒くはなるし、これからの暖房をどうしようかと考えているとき「いづみの会」のおばさんから、ストーブをいただきました。はじめて入ったストーブを燃やして、みんなは大喜びです。

たかの　ひろゆき

〈十二月九日　朝の集りで〉

難　波「みんな、ホッペタをさわってごらん」
よしお「ぼく　あったかい」
ただし「ちびたい」
難　波「みんなのホッペタ、赤いよ。どうしてだろう？」
まさよし「火が　あったかいで」
よしお「これで　これで」（ストーブを指す）
子ども「ストーブ　ストーブ」
難　波「このストーブ、どうしたんだと思う？」
ひろゆき「かってきたんだわ」
ひろのり「どうぶつえんの　まえのおばさんからもらったんだわ」
難　波「なんでもらったの」
よしお「よーちえんの子どもが　さむそうにしてるから」
難　波「そう、ずっと前ね、近藤さんていうおばさんが来てね。保育園には火バチもないし『これからどんどん寒くなるのにどうするんですか』ってとても心配してくれてね。そのおばさんにはいっぱい仲間がいるのよ。だから、仲間のおばさんたちが大勢集まったときにね、『ヤジエ保育園の子どもたちは寒くて困っています。暖かくしてあげること、考えてあげてください』って言ったら、飯田さんていうおばさんが『はーい』って手を上げて『家に使っていないストーブがありますから、ヤジエ保育園にあげます』って言ったのです。そこで、とも君とこのおばさんとてつや君とこのおばさんが、東山動物園のそばの飯田さんちまでもらいに行って来てくれたの。みんな、ストーブあってうれしい？」

子ども「うれしい」

ひろふみ「あったかいで　うれしー」

難　波「今朝しょうじ君とはるお君、朝早く来て、エントツなんかガタガタってはめたのね。このストーブ、どうやってあたるかみんなで考えよう」

しょうじ「小っさい子　あぶないで　大ぶたの子　ちゅうい　してやんの」

ひろのり「やけど　するで　つくえ　やってあるの」

難　波「いま机で囲いしてるけど、アミでストーブの家つくるね。大ぶたの子、小ぶたの子のこと注意してくれる？」

大ぶた「うん　はーい」

難　波「ああ、よかった。じゃ、安心してストーブ焚けるね」

ストーブに焚く薪も、山本明子さんのお父さんの仕事の関係で材木をいただきました。ところが、トラックいっぱいの薪を割るのはたいへんな仕事です。そのままにしておくと、夜中にぬすまれてしまう心配もあるので、子どもたちと話し合ってみました。話はかんたんです。

「おれんたちで　わりゃ　ええが　おれんたちが　あたるんだでな」

子どもたち、エネルギッシュに薪割りに取り組みました。

「子どもたちにオノを持たせるなんて」と心配の声もありましたが、子どもたちはキズ一つしないで、仕事を続けました。しかも楽しそうに。オノのない子は、適当な板を探してそれに綱をつけて運ぶ役目です。「おまちどうさま！」薪割りの仕事は完全にあそびとしてとけ込んでしまいました。

「おれ　おやつ　いらんぞ」そう言っておやつも食べないで働き続ける子どもたち。ちょうど東海ラジオでこの薪割りの様子を録音したのです。その放送を聞いた人は、「働く喜び、喜んで働いている様子がとても良く出ていた」と感想を語っていました。

そのうちお母さんたちも薪割りに参加したので、山のように積まれた材木はどんどん割られていきました。

「あいぞうの母さん　ちっからもちだな」

「とも君の　おばさんよー　こんな　でっかいの　わっちゃったぞ」

みんなで働いて割った薪をストーブにくべるとき、部屋は格別暖まるようです。薪割りをしながら、自然と歌が出てきます。

「まきを　つくろう」バシッ！

「みんなで　つくろう」バシッ！

言葉にだんだんメロディーがついて、ついに「まきつくりの歌」ができました。

まきつくりの歌

1
まきをつくろう　みんなで　つくろう
ぼくらは　ヤジエの　強い子ども　みんなで　つくろう

2
まきをはこべ　みんなで　はこべ
ぼくらは　ヤジエの　強い子ども　みんなで　はこべ

3
まきが　できた　たくさん　できた
ぼくらは　ヤジエの　強い子ども　たくさん　できた

4
まきをもやせ　どんどん　もやせ
ぼくらは　ヤジエの　強い子ども　みんなで　もやそう

クリスマス会のとき、ストーブのことや「まきつくり」のことを構成詩にして発表しました。

構成詩

ひろふみ　はじめは　ストーブ　ありませんでした
よしお　いいださんて　いう　おばさんから　ストーブをもらいました
ひでお　それでも　木が　なかったので　あきちゃんとこの　おじさんと　おばさんが　まきをくれました
ともお　まきが　大きかったので　いちばんはじめ　あきちゃんとこの　おばさんと　ふみちゃんとこの　おばさんと　まきを　わりました
はるお　そのつぎは　とも君とこの　おばさんと　あいぞう君の　おばさんと　まきを　わってくれました　たかの君の　おばさんも　はたらいてくれました
まりこ　しゅうこちゃんの　おばさんと　みちこちゃんの　おばさんは　ちょこっとしかやって　くれませんでした
けんいち　子どもたちは　たくさん　はたらきました　まきが　どんどん　できました
しょうじ　まきを　ストーブに　入れて　もやしたら　おへやが　あったかくなりました　みんなは　うれしかったよ　だから　まきつくりのうたを　四ばんまでつくりました

みんなで肩を組んで　まきつくりの歌をうたう。

鉄のやくそく

六歳児の高野博文君は、友だちをなぐるくせがあります。なんにもしない友だちを通りすがりになぐったり、お当番になったときでも、友だちを注意するのにすぐなぐってしまうのです。この日も朝の集りのとき、みんなが楽しく歌をうたっているのに、小さい子をなぐって泣かしてしまいました。いままでも何回も注意したのですが、ちっとも直らないので、どうすれば直るか子どもたちと話し合いをすすめてみました。

〈一月十九日　朝の集りで〉

ひろふみ（小さい子をなぐって歩く）

及　川「なんでそんなになぐるの？　高野君はいつもいつも友だちのことなぐるね」

ひろふみ（知らん顔をしている）

及　川「そんなになぐる子はヤジエ保育園の子じゃないね」

ともお「たんぼ　ほいくえんいけー」

ひろふみ「やだねー　ワー　ワー　ドカン」

及　川「そうだ、たんぼ保育園行ってもらおう。みんなでせっかく歌をうたってんのに迷惑だよね」

よしお「どうすれば　なおるか　かんがえよう」

ひろふみ（カバンとれんらく帖を持って　上衣を肩にかついで出ていく）「もうこんな　ほいくえんなんか　こーせんわ　どろぼー」（窓のそとで　ブツブツ　悪口を言っている）「べんとう　かえせー」

しょうじ「せんせ　もーこーせんと　よし　きても入れてやらんとこーな」

及　川「そうだね。ひろふみ君はたんぼ保育園の子になりました」

この日は子どもたちと、ひろふみが来ても入れない約束をして、ようすを見ることにしました。保育園を出ていった博文君は、はじめは窓からのぞいたりして、保育園のまわりを歩きまわっていましたが、誰も相手にしないので、帰ってしまったようです。

〈一月二十日　朝登園して来て〉

次の日の朝、高野君はきのうのことなど忘れたように、すまして登園してきました。

ひろふみ「おはよう　あけろ　あけろ」
はるお（戸を開けてやる）
しょうじ「せんせい　たかの　きたよ（小さい声で）」
難　波「どうしようか？」
しょうじ「ほかっとけ」（博文のほうを見ながら）
よしお「ほかっとけ」
難　波「そうね、じゃほかっとこう」
はるお「たんぼ　ほいくえんだがや」
しょうじ「たんぼだがや」（だまっていられない声で）
よしお「そうだ　そうだ」
ひろふみ「ワー　ワー　ワー」（ニヤニヤしている）
難　波「たんぼだが」
はるお「た　ん　ぼ　だー」（大声で）

ひろふみ「あっちいけ　ワー　ワー」
難　波「博文君、たんぼ保育園なのになんで来たの？」
ひろふみ「いいがやー」（ニヤニヤ笑ってる）
しょうじ「ほかっとけ　こんなやつ」
よしお「ほかっとけ」
難　波「集りのとき、みんなでさ、どうして来たのか聞いてみよう」
しょうじ「うん」
よしお「そうだ　そうだ」
しょうじ「おれ　とも（共生君のこと）の　くみだで　ええな」
ひろのり「おれも　とものくみだで　ともも　おれのくみ」
難　波「そういうの仲間って言うの、仲間」
ひろのり「たかのは　なかまで　ないな」

〈朝の集りで〉

難　波「ちょっとちょっとみんな、あそこにいるのだれ？（博文を指さす）きのうのことおぼえている？　きのうなんて言ったんだっけ？」
子ども「どろぼー　べんとう　かえせー」

ひろゆき「おいかわせんせいに　どろぼーいって　べんとうかえせっていって　こんなほくえん
　　ほんとでないわっていった」
よしひろ「あそこんとこ　ぼうで　たたいた　もう　こんなようちえん　こん　いった」
難　波「そうそう、もうこんな保育園来ないって言ったね。おぼえている人?」
子ども「はーい」
ひろふみ「きょうだけ　きたわ」
難　波「なーんで来たの?」
ひろふみ「母ちゃんが　いけいったでだわ」(大声で)
難　波「お母さんが行けって言ったって、博文君来なきゃいいのに。もうこうせんわって言った
　　のにどうして来たの?」
子ども「わけをいえ」
ひろのり「おれなんか　おこっとるんだぞ」
ひろふみ「おこりゃ　ええが」
子ども「ばかやろの　こんちんちん」
難　波「なんで来たの?　わけを言ってよ。友だちなぐったりする子、保育園にいないよ。なん
　　で来たの?」
ひろふみ「なんでも　ええわ　ええわ」

ひろのり「オモチャ　いっぱいあるもんで　きたくなったんだろ」
ひろゆき「ケンカ　やりに　きたの？」
しょうじ「どうして　たんぼほいくえんいかんの」
よしお「けんかほいくえん　いけばいいのに」
子ども（くちぐちに）「なんで　きたんだい　なんで　きたんだい」
ひろふみ（ニヤニヤしている）「なんでもいいわ　かってだわ」
（イスに座っているが正面を向かないでクニャクニャしている）
子ども「なんできたんだ　わけをいえ！」
難　波「わけも言わないし、たんぼ保育園にも行かないからどうしょう？」
しゅういち「ほーちょう　もって　首きるの」
よしお「なぐるで　手と足を　ポンと　きるの」
しょうじ「足よー　しばっちゃえ」
ひろふみ（おどろいた顔をしてじっと聞いている）
難　波「いい考えだね。そんじゃ、足と手と切っちゃおうか？」
ひろのり「せんせい　いかんよ　そんなことすると　おまわりさんに　つれていかれる」
難　波「あっそうか。じゃあどうしょうか？」
しょうじ「どうぶつよーちえん　いきゃ　いいが」

よしお「そうだ　そうだ　この子　ライオンのなかへ　入れてくださいってたのむの　あっ　ちがう　キリンのなかがいいわ　足でボーンけるもん」
ひろふみ（少しずつイスから離れて帰ろうとする）
かなやま「ぞうの　おりに入れると　ぞうがうんこするだろ　たかの君の頭へ　ベタベタってくっつくの」
難　波「博文君、動物保育園に行くの？」
ひろふみ（少ししょげて下を向いている）「うん」
ひろのり「さっぱりした」
ひろふみ（れんらく帖と弁当を取りに行き、帰りかける）
子ども（立ちあがって、小さい子も大きい子もかかっていく）
ひろふみ（小さい子を倒す）
子ども（離れて）「たかの君の　きちがい」
難　波「あのね、博文君、やっぱり動物保育園に行くらしいから、ちょっとよく聞いといて。博文君、明日お母ちゃんが行きゃーって言っても来ないかい？」
ひろふみ「こーせんわ　みんなのこと　お母ちゃんに　いったるわ」（どなりつけて出て行く）
ひろのり「ノーミソが　くさっとるわ」
難　波「ああおどろいたね。ああいう子のノーミソはどういうノーミソでしょうね。博文君みたいな子のノーミソの子はもういないですか?」
しょうじ「あっ　よしお君と　あきこちゃん　ごはん　食べるとき　よーしゃべるが」
難　波「でも今は考えるようになったんでしょう?」
あきこ「もーやらんわ」
難　波「でも今は考えるようになったんでしょう?」
あきこ「もーやらんわ」
家へ帰った博文君が、お母さんといっしょに保育園に入ってくる。
ひろふみの母「あのー、博文がなにか悪いことしたんやろうか?」
ひろふみ（お母さんといっしょなので、勢いを得て大声で）「あの子と　あの子とあの子が　へんなことといった」
難　波「ほら、高野君のお母さんが来たからみんなで、高野君どうして家に行ったのか教えてあげれば?」
ひろのり「あのよー　たんぼほいくえん　いくと」
子ども「あのよー」（あまり元気がない）「たかの君がなぐるでよー」
ひろふみ「おまえ　たちが　へんなこと　いうからだ」（大声で）
しょうじ「たかの君が　あんまり　なぐるもんじゃ　たんぼほいくえん　いきゃーって　いったの」
ひろふみの母「あんたが悪いことするからいかんのだろう。すんませんなー、もうやらせんから仲間に入れてやってーな」

ひろふみ「へんなこと　いうで　やだ」

ひろふみの母「そんなこと言わんと……」

お母さんも仕事があると言うので、きょうのわけを話して帰ってもらい、子どもたちと話し合いを続けました。博文君はいすに座っている。

難　波「高野君のお母さんが頼みにみえたけど、みんなどうするの？」

子ども「なぐるで　やだ」

難　波「困ったね。お母さんは仕事に行くから、博文君が保育園に来ていないと心配で心配でしかたがないんだってさ。ちょっとみんなでどうすればいいか考えよう」

（子どもたちもみんな腕を組んで考える）

よしお「たかの君の　なぐるの　やめりゃあええんだが」

しょうじ「いかん　いかん　なおらんわ」

難　波「ちょっとそれじゃ、博文君にもうなぐらんかどうか聞いてごらん」

ひろのり「もう　なぐらんですか？」

ひろふみ「おまえたちも　へんなこと　いわんか　ぞうのうんこなんか　いわんか？」

子ども「いわんよ　いわんよ」

難　波「博幸君、お兄ちゃんに聞いてごらん」

ひろゆき「もう　ともだちのこと　なぐらんか？」

ひろふみ「なぐらんわ　おまえたちも　いわんか？」
ひろゆき「へんなこと　いわんわ」
難　波「小ぶた組の子、聞いてごらん」
小ぶた組の子「なぐら　せんか？」
ひろふみ「なぐらんわ　おまえたちは？」
難　波「じゃみんなでやくそくしよう。ほんとうに大丈夫かい？　高野君」
ひろふみ「ん」
難　波「ほんとうに大丈夫らしいから、みんなと指切りしようか？」
ひろふみ（子どもたち　一人ひとりと　指切りをする）
ひろゆき「うそこいたら　どうぶつえん　いけよ」
よしお「まだ　かんがえとる」
しょうじ「うそこいたら　はりせんぼん　のーめよ」
難　波「大丈夫かな。心配だな。（指切りをしながら）かたい約束だよ。レンガの約束」
ひろのり「よし　ええか　石のやくそくだぞ」
ひろふみ「ん　ええわ」
て　つ「コンクリートの　やくそくだ」
あきこ「鉄の　やくそく」

ひろふみ「よし」

子どもたち全員とかたい「鉄」の約束をして、高野君はその後なぐるくせも、時々なぐりそうになっても友だちに注意されるとすぐやめて、「鉄」の約束は守られているようです。

及川先生の病気

子どもたちのハシカやかぜが下火になった頃、冬のはじめ頃から風邪をひきっぱなしだった及川先生が、とうとう寝込んでしまいました。そのことについて、子どもたちと話し合いをしてみました。

〈一月二十七日　朝の集りで〉

玉　方「及川先生、きょうも来なかったでしょう」

ひろのり「びょうき　かぜひいてるの」

しょうじ「からだの　きかいがこわれたの」

玉　方「みんな、及川先生、病気で心配じゃないの？」

子ども「しんぱい　しんぱい」
土　方「しんぱいだったら　どうしようか？」
よしお「おいかわせんせいところ　みまいにいこ」
よしひろ「お金やるの　くすりかうの」
ひろのり「あたまのくすり　もってってやるの」
しょうじ「子どもぜんぶで　いくの」
ひでお「だいひょうがいくの」
あきこ「二人ぐらい」
ひろふみ「てがみやるの」
ひろのり「てがみのなかに　あたまのくすり　入れてやるの」
よしお「みんながかくと　いそがしいわ　こっちよんで　こっちよんで　こっちよんで　おいかわせんせいくたびれちゃうよ」
ひろのり「一つだけ　紙でかくの」
土　方「及川先生、大ぶただけで書くと、中ぶたと小ぶたはどうしているのかしらって心配するよ」
ひろふみ「小ぶたも　中ぶたも　じ　かけない子　絵　かきゃーいいが」
土　方「そうね。高野君、頭のくすり持ってこれる？」

ひろふみ「あたまのくすりあるかなー」
土　方「じゃあ、家に行って調べてね。いつお見舞いに行くの？」
子ども「あした　あした」
土　方「じゃあ、明日行こうね」

〈一月二十八日　朝の集りで〉

難　波「きのうの夜ね、誕生会で遅くなって先生家へ帰ったでしょう？　及川先生どうしているかなと思って帰ったらね、ずっとずっと寝てたんだって。良雄君が小さい手紙書いてくれたでしょう？　あれ見せたらよろこんでいたよ。良雄君、字よく書けるんだねって感心していたよ」
しょうじ「てがみかこう　いまから」
難　波「きのう、みんなで手紙書くことにしたでしょう？　みんな字書ける？」
子ども「ぼく　よーかく」
難　波「中ぶたや小ぶた、よー書く？」
しょうじ「小ぶたと中ぶたは、外いけ」
難　波「じゃあ、中ぶたは及川先生になにも言わないの？」
ひろゆき「子どもの　いうこと　せんせいに　かいてもらうの」

難　波「いい考えだね」
ひろふみ「大ぶたが　かいてやるの」
難　波「字、教えられる人？」
よしお「はーい」
難　波「じゃあ、良雄ちゃん教えてあげてね」

子どもたちは一生懸命、手紙を書きはじめました。今年、学校に上がる子どもたちは、知っているかぎりの字を並べて、中ぶた、小ぶた組は絵を描いたり、字にならない字を書いたりしました。

> おいかわせんせ　はよ　なおって　ください　ごはん　くわんと　だめですよ　あたまのくすり　もっていくよ　あきこちゃんは　けんかを　しました
>
> いしかわ　よしお

難　波「この手紙どうしよう」
ひろふみ「なんばせんせいが　うちもってくの」
しょうじ「このてがみもって　大ぶたの子がいくの」
難　波「大ぶただけ？　小ぶたは？」

しょうじ「おおえのほう　いったとき　いなくなったもん」
難　波「そうね、先生も心配だな。大通りあぶないよ」
ひろのり「だいひょうきめるの」
しょうじ「やだ　やだ　大ぶた　ぜんぶでいくの」
難　波「大ぶた全部で行くのがいいと思う人？」
難　波「代表が行くのがいいと思う人？」
子ども「はーい　はーい」
子ども「はーい　はーい」
難　波「弘法君、どうして代表が行くのがいいと思うの？」
ひろのり「あのなー　おいかわせんせいの　あたまがいたいから　大どおり　あぶないで」
しょうじ「うちのなかに　じゅんばんに入っていくの」
難　波「じゃあ、大ぶた組全部で行く？」
ひろのり「だめ　だめ　あぶない」
難　波「ほんとうにあの大通り、あぶないね」
ひろのり「こっちからと　こっちから　じどうしゃ　きたらどうする」
難　波「どうしよう困ったね。もう少し考えよう」
子ども（腕を組んで考える）

あきこ「なんばせんせいのかんがえは?」
難　波「先生はやっぱり自動車があぶないから、大勢で行くの反対だな」
ひろふみ「三人　だいひょうがいくの」
ひろのり「三人でも　あぶないぞ　ひかれたらなー　にんげんは　べんしょうでけんぞー」
難　波「みんな真剣に考えよう。ほんとうに人間は弁償できないよ。二人くらいの代表がいいんじゃあない?」
ひろのり「二人でも　しんぱいだよ」
難　波「代表はおっちょこちょいじゃあないほうがいいと思います。及川先生にお見舞いを言える人がいいと思います。誰にしようか?」
子ども「はーい　はーい」
しゅういち「よしお君」
よしお「しょうじがいい　しょうじ」
難　波「先生も庄司君はいいと思う。このごろすごく立派でしょう」
しょうじ「まえじまがええ」
あきこ「おとこ　と　おとこじゃ　だめ」
難　波「どうして?　じゃあ、庄司君と弘法君でいいですか?」
子ども「ええ　ええ」

難　波「それでは、庄司君と弘法君に手紙を持ってってもらいましょう。手紙だけでいい?」
子ども「くすり　くすり」
ひろのり「花」
難　波「いい考えですね」
子ども「リンゴも」
しょうじ「おいかわせんせ　リンゴすき?」
難　波「及川先生、リンゴ好きよ」
子ども「バナナも」
難　波「バナナ、わっすごい。バナナ、高いよ」
しょうじ「ゼニ　よーけい　いるな」
難　波「じゃあ、手紙と花とリンゴでいいのね。代表、リンゴ食べちゃいかんぞ」
ひろのり「しんぱいせんでもいい」
難　波「代表は、寺沢先生と竹内先生といっしょに行ってきてね。残った子どもはどうしようか?　難波先生はれんらく帖全部書かないとなんないでしょう?」
しょうじ「大ぶたの子が　せんせいのかわりやるの」
小ぶた組の子「うん　うん　うん」
しょうじ「うんとよー　あきこと　よしおが　せんせいの　かわり　やって　けんかは　はるお

がとめるの」

難　波「子どもたち、それでいいですか？」

子ども「よーし　はーい　はーい」

代表の弘法君と庄司君は出かけました。大通りを気をつけながらわたって、途中の花屋さんで赤いカーネーションを買って、「お見舞いに来ました」と言って部屋に入った二人は、いささか緊張していたようです。一方残った子どもたちは、良雄先生に本を読んでもらったり、明子先生とハンケチ落しをして遊んだりしました。

しばらくしてから代表が、「ただいま、おいかわせんせい、てがみくれたぞー」と言って帰ってきました。子どもたちをみんな集めて手紙を読みます。

> 子どもたちへ
> おみまいにきてくれてどうもありがとう。早くなおって、みんなをおこりに行きます。
> おいかわ先生より

子ども「なんでー　おこりに　くると」（ニヤニヤしている）
難　波「代表の子、どうもごくろうさまでした。及川先生、早く治って怒りに来るって言ってるけど、良雄先生もしっかりやったし、怒られる子いないいんじゃないかなー。明日は来るかもしれないね」

子どもたちのお見舞いの甲斐もなく、病気のよくならない及川先生から、今度は長い長い手紙が来ました。

〈一月三十日　朝の集りで〉

難　波「ほら、きょうも及川先生、休んだでしょう？　だんだんだんだん、よくなってるんだけど、まだ起きられないのよ。それでね、子どもたちにこの前のと違う、長い長い手紙をくれました。いい？　よく聞いててね。読みますよ」（手紙を読む）

ヤジエ保育園の　みんな
いっぱい休んでしまってごめんね。
このあいだおみまいにきてくれて、ありがとう。とってもうれしかったよ。だから、だんだん病気がなおってきたよ。ごはんも食べれるようになりました。みんながおみまいにくれたリンゴも食べたよ。皮をむいてがぶりがぶりと食べたら、とってもおいしかったよ。カーネーションとスイセンの花は、つくえの上にかざっています。先生はカーネーションもスイセンも大好きです。毎日ねてばかりいたら、あたまがふらふらです。でも、あしたから保育園に行きます。あんまり難波先生にばかり働かせると、こんどは難波先生が病気になるとたいへんだからね。難波先生はごはんをつくってくれたり、おせんたくをしてくれたりしてとても親切にたすけてくれました。もし難波先生が病気になったら、ヤジエ保育園に先生がいなくなっちゃうよ。そうしたら、みんなどうするかい？　先生たちが病気にならないようにするには、子どもはどうしたらよいか、みんなでかんがえてください。「早くなおって、みんなをおこりにいきます」っていったのはウソだよ。おこるとくたびれるから、やっぱりおこらないようにします。

それじゃ、さようなら。

子ども「どうだ　おこりに　こんになー　ワーイ　ワーイ」
難　波「ほら手紙に書いてあったでしょう？　先生が病気にならんようにするには、子どもたちはどうすればいいの？　ほんとうに難波先生も病気になったらどうする？」
子ども「ビタミンざい　のんだらええに」
ともお「ケンカは　せんせいがとめないで　子どもがとめるの　せんせいのかわりするの」
けんいち「だいがくの　せんせいにきて　もらうの」
難　波「大学の先生はいつも来れないよ」
かなやま「せんせいたちは　なんにも　しなくていいの　なんも　せんで　すわっとりや」
子ども「ストーブは　子どもがやる」

ひろのり「せんせいは　れんらくちょうかいて　オルガンひくの　そんで　おやつやるの」
難　波「小さい子おしっこするのどうする?」
よしお「ぼく　あっちゃん　よーつれてくよ」
難　波「そう、じゃあ先生はれんらく帖を書いて、おやつを配ればいいのね。子どものなかから先生の代わりになる子、選ぶのね」
子ども「そう　そう　そんでええ」
難　波「じゃあ、そうしましょう。及川先生にもそう言っとくね。子どもが先生の代わりをやると、先生たちの体の機械もこわれなくなるね。きっといい考えだね。じゃあ、先生の代わりになる人、きょうは庄司君と明子ちゃんね。お願いします」

先生たちが、病気にならないようにするには、子どもはどうしたらよいか?　みんなで考えた結果――先生はれんらく帖を書いて、おやつを配る仕事をすればよい――と、いうことになったのです。

あすは及川先生も保育園に、久しぶりに顔を出すでしょう。

先生の代わりになった子どもは、積極的に子どもたちをリードしながら、小さい子の世話をしたり、ケンカを止めたりしています。

先生の代わり

大ぶた組の入学もそろそろ近づいてきました。集団生活の最後の総まとめをしなければと思っていた矢先、及川の病気欠勤で、はからずも「先生の代わりをしよう」という子どもたちの積極的発言を聞くことができました。

そこで、「先生の代わり」をすることによって、一人ひとりの自立心、協力、積極性を増し、みんなのなかで自分を見つめ、お互いに批判しあいながら、高まってゆく集団を願いました。

ますじま　ひろのり

〈二月一日　朝の集りで〉

及　川「長いこと休んでどうもすみませんでした。（おじぎをする）心配かけてすみませんでした」（おじぎをする）

子ども「どういたしまして」

及　川「まだ全部よくなりませんけど、出てきましたからどうぞ助けてください」（おじぎをする）

子ども「どうぞたすけて……」（笑う）

及　川「難波先生、ずーっと一人でたいへんでしょ。かわいそうだから、がんばって出てきたの。どうぞよろしく」

子ども「どうぞよろしく」（笑う）

及　川「きのう、難波先生から聞いたんだけど、先生はなにをすればいいんですって？」

よしお「おやつだして　れんらくちょう　かいて　小さい子　おしっこ　させてやるの」

しょうじ「あっちゃん　ぼく　させてやったわ」

よしお「えいこちゃんは　大きいで　いいんだよ」

ひろのり「あとは　子どもがやるで　せんせい　すわっとるの」

ともお「また　びょうきに　なるといかんでな」

及　川「へー　先生の仕事子どもがやってくれるの？」

子ども「うん　うん」
及　川「できるの？」
子ども「できる　できる！」
及　川「うわー、先生すっかり助かっちゃうわ。じゃ、きょうは先生の代わりをだれにやってもらおうかしら？」
子ども「はーい　はーい」（手を上げる）
よしひろ「しょうじ君」
けいこ「ひろのり君」
及　川「自分が先生の代わりやりたくても、みんながいいって言わなきゃやれないのよ。しょうじ君とひろのり君でいい？」
子ども「えー　えー」（不満そうな子もだいぶいる）
及　川「それじゃ、この二人にやってもらいましょう。先生の代わりっていうのはお当番よりたいへんなのよ。仕事がいっぱいあって、なまけているお当番がいたらそういうのも注意しなきゃなんないのよ。（きしょうをみせながら）先生の代わりになった人は、これからこういうしるしをつけましょう」
子ども「えーなー！　えーなー！」
及　川「それじゃ、このしょうじ君やひろのり君たちのことなんて呼ぼうか？」

よしお「しょうじせんせい　ひろのりせんせいっていうの」
及　川「それでいい？」
子ども「えー　えー　えー」
及　川「はい、それではしょうじ先生とひろのり先生お願いいたします」（胸のしるしをいじりながら二人とも少々はにかんでいたが、なにか相談をはじめる）
ひろのり・しょうじ「スキップを　します！」
及　川「しょうじ先生、レコード鳴らすんでしょ？　鳴らしかた教えてあげるから、そういうのも子どもの先生がやってね」

先生と呼ばれて、ちょっと照れくさそうに笑っている二人ですが、それでもずいぶん緊張しているようでした。時計の見方をおぼえて、みんなを集めなければなりません。レコードを鳴らすことも、おぼえなければなりません。新しい仕事の興味と誇りとで自信も生まれていったようでした。

〈二月三日　朝の集りで〉
しょうじ先生・ひろのり先生「せんせい　ちょっとようじ」（及川のところまできて耳うち）
及　川「自分で言いなさいよ」
しょうじ先生「とも君　はしかです」

ひろのり先生「たずちゃんが　おつかいにいくとき　きいておったも」
しょうじ先生「スキップ　してください」
難　波「へんな先生。スキップばっかりやらせるの？　なんにもお話しないの？」
ひろのり先生「はなし　ありますか？」
子ども「……」
及　川「はーい、わたし話したいことあります」
しょうじ先生「いってもええ」
及　川「あのね、このごろみんなずいぶん、げたの出しっぱなしをしてるでしょ？　その話をしてください」
しょうじ先生・ひろのり先生（二人相談している）「げたをしまわないと　もらっちゃいますよ」
及　川「先生たち、出しっぱなしのげた、ここに持ってきてください。（まんなかに紙を敷きその上に並べる）だれの靴でしょうね。先生、みんなに聞いてみてください」
しょうじ先生「だしっぱなしの人　手をあげてください」（だしっぱなしの子手を上げる）
及　川「その人たちに聞いてみてください。いらないのかどうか」（子どもの先生、一人ひとりにいる？　いらない？　と聞いている）
及　川「しょうじ先生、いらないいって言う子いましたか？」
しょうじ先生「いた」

及　川「それはどうしますか？」
ひろのり先生「どうしたらいいですか？」（子どもたちに）
よしお「足のあった人に　やるの」
ひろゆき「そのくつ　ほかっちゃえー」
しょうじ先生「もっと　ちがうかんがえの人？」
ひろふみ「足　ちょうどええ子にやるの」
て　つ「くずやに　うっちゃうの」
けいこ「げたやさんに　うっちゃうの」
及　川「わたしはそんなもの売れないと思います。先生！　いっぱい考え出たでしょう？　どの考えがいいかみんなに聞くのよ」
ひろのり先生「どの考えが　いいですか？」
はるお「よーちえん　おいといたらいい　おじさんが　かえしてくれって　いってきたら　かえさならん」
よしお「おじさんがきたら　げたばこ入れんかったので　もらっちゃった　っていうの」
及　川「はーい、わたしの考えを言わせてください。西君がほんとうにいらないのなら、保育園でもらったらいいと思います」
しょうじ先生「オイカワせんせいの　かんがえで　いいとおもう人？」

子ども「はーい」（みんな手を上げる）
ひろのり先生「決まりました」
及　川「はーい。（手を上げる）もう一つ、聞きたいことがあります。どうして靴しまわなきゃいけないんですか？　どうして出しっぱなしにしちゃいけないんですか？」
ひろふみ「くつが　なくなるで」
ひろゆき「まねするで　あたらしい子が」
まさよし「なくなるで」
て　つ「うしなっちゃうで」
けんいち「きもちわるい」
及　川「そうね、こんなに出しっぱなしにしておくと、自分の靴探すのたいへんでしょう？（実際にやってみせながら）こうやってみんなの靴ふみながら、自分の靴探すとどうなるかしら？」
子ども「くつ　こわれる」
ひろふみ「くつ　やぶれる」
及　川「雨の日はどうなる？」
ひでお「くつ　どろんこ」
及　川「どろんこの靴でふまれてもいい？」

子ども「いやー　いやー」
及　川「わたしだっていやだな。げた箱に入れておけば、こわれないし、どろんこになんないし、気持ちがいいし、外に出るときは探さないでもすぐ出られるし。これからきちっと入れておこうね」
子ども「はーい」

朝の集りも、子どもの先生の自主性をうながすように働きかけました。むずかしい話し合いの司会も、できるだけ子どもですすめるようにし、全体の話をどうまとめるかを考えさせるなかで、ものごとの正しい判断を培いたいと思いました。

朝十時になると、「片付けですよ」と子どもたちに言い、なまけている子には注意をあたえます。

ひろのり先生「おはようを　します」（全員でおはようの歌をうたう）
ひろのり先生・しょうじ先生「……」（どうしていいか分からない表情）
難　波「先生！　なにかお話はないですか？」
ひろのり先生・しょうじ先生「……」（ニヤニヤしている）
難　波「きのうの続きは？」
しょうじ先生「げた？」
難　波「うん」

子どもの先生、出しっぱなしの靴を持ってくる。

ひろのり先生「いらんのですか?」

子ども「いる　いる　ほしい」

しょうじ先生「どうして　入れんのですか?」

て　つ「こんどから　入れます」

しょうじ先生「入れるの　めんどうくさいのだろう?」(子どもの先生二人で相談している)

ひろのり先生「げたの　かかりを決めます」

及　川「げたのかかりって　どんなことをするのですか?」

しょうじ先生「げたをよー　これだれのですかー　っていうの」

よしひろ「げた箱　入れるの」

しょうじ先生「ちがう　じぶんのげたは　じぶんで入れるんだがなー」

ひろゆき「じぶんで入れるの　めんどくさいもんだからなー」

よしお「かかりを決めると　かかりが入れてくれるとおもって　だしっぱなしするがー」

ひろのり先生「ちゅういするだけ」(子どもの先生相談している)

しょうじ先生「げたのかかり　しゅうこちゃんと　なかやまけんいち君」

(選ばれた二人、うれしそうな顔)

難　波「いま決められた人、なにをするの?　ちゃんと言えなきゃだめじゃないの」

しゅうこ「……」
けんいち「……」
しょうじ先生（二人のところに行って）「げたのかかりだから　みんなに　ちゃんと　しまわせてください」
しゅうこ「うん」
けんいち「はい」
しょうじ先生「まきわりのうたを　うたいます」

〈二月四日　帰りの時〉
難　波「しょうじ先生たち、ごくろうさまでした。たいへんだったでしょ?」
ひろのり先生「たいへんとちがう」
難　波「たいへんとちがう?」
ひろのり先生「……」
難　波「しょうじ君とひろのり君に、先生の代わりやってもらったけど、ちゃんとできたかしら?」
子ども「できた　できた」
子ども「できない　できない　ワイ　ワイ」

難　波「しょうじ君たち、先生の代わりやってみて困ったことなかった?」
ひろのり「ある」
難　波「どんなこと?」
ひろのり「おかの君が　あつまりのとき　よんでもこなかったとき」
難　波「そう、しょうじ君は?」
しょうじ「まさよし君が　けんかしていて　こーいっていっても　こなかったのが　こまった」
難　波「そういう子がいると、ほんとうに困っちゃうよね。どうもごくろうさま。四日もやってくたびれたでしょう?　明日は違う人に先生の代わりをやってもらいましょう」

三日間「先生の代わり」を行うと、また新しくみんなから選ばれます。大ぶた組の子はみんな、先生の代わりをやりたがります。でも、「ぶつからだめ」「おかたづけのとき　ちゃんとやらんからだめ」「はなたらしてるから　だめ」とみんなに批判され、「そういうの　なおしたらできるよ」と励まされ「先生の代わり」になれない子も、自分の欠点を認め、直すことに努力します。

「先生の代わり」をだれでもやれる順番にしてしまうと、権威も誇りも、悪いところをなくそうとする努力も、なくなってしまいます。そこで、「先生の代わり」をちゃんとできた人は、何回やってもいいのだということにしました。

〈二月二十日　朝の集りで〉
しょうじ先生「足をピンとして　ください」（子どもたちきちっと座る）
ひろのり先生「せんせいを　きめます」
難　波「どういう人が先生になれるの？」
子ども「りっぱな子　おおちゃくない子」
難　波「しょうじ君ひろのり君が、立派だったらまた選んでいいのよ」
しょうじ先生「あたまいたくて　のどいたい」
難　波「あら、困ったわね。みんなのほうは困ったことない？」
子ども「ない　ずーっと　ひろのり君と　しょうじ君でいい」
難　波「どうして？」
しげき「りっぱだで」
難　波「先生が考えるには、みんなもしょうじ君やひろのり君のように立派になってほしいの。よしおちゃんだって、もうほんのちょっと立派だとなれんのになあ。じゃ、ひろのり君としょうじ君でいい人？」
子ども「はーい」（全員手を上げる）
難　波「それじゃ、またお願いします。先生ってたいへんでしょ？　頭の機械やのどの機械、痛ーくなっちゃって」

しょうじ先生「せんせいが　いっぺんちゅういしたら　いうこと　ききゃーいいのに」
難　波「そうだね、みんなが先生助けたらいいいと思うんですけど」
ひろふみ「みんなで　力あわせるの」
難　波「そうなんだよ。だけど力を合わせないんだよ。だから先生になった子ばっかり、くたびれちゃうんだよ」
よしお「たかの君　せなかや　のうみそのなかに　うみが　あるんだよ」
子ども「そうだ　そうだ」
しょうじ先生「だるいもん」
難　波「しょうじ先生、とてもだるいの？」
難　波「困ったことになったわね。じゃ今日は、代わってもらいましょう」

みんなに信頼され、たびたび「先生の代わり」に選ばれるこの二人は、仕事の責任をしっかりと感じ、うまく子どもたちをリードしてゆきました。先生になれなかった日でももちろん先生のよい協力者となることができました。

一方、みんなに選ばれなかった子どもでも、自分の悪いところをなくそうと努力したり、少しでもみんなのためになるようなことをした時、それをみんなの前で認め、高く評価し自信を持たせ、「先生の代わり」になれるという子どもたちの支持が得られるよう、働きかけました。

こうして、大ぶた組の全員が「先生の代わり」をやり、それが卒園近くまで続けられました。こんなことまでできるのか……と、子どもの持つ能力の大きさにあらためてびっくりさせられてしまいました。

ヤジエ保育所としての集団の高まりも、それぞれの子どもたちの成長も、「先生の代わり」という仕事を通じて、さらに深められていったように思います。

お願い

二月一日に、まゆみちゃんという新しいお友だちが保育園に入りました。仕事のために、はるばる九州から来たお父さんといっしょなのです。お母さんは、九州の病院に入っているとのことでしたが、とても明るくて元気の良い、三歳の子どもでした。

ところが、まゆみちゃんはお父さんの仕事の関係で、朝七時二十分頃保育園に来ます。私たちもそう早く来れないので、まゆみちゃんの面倒を子どもたちに頼んでみました。

朴てつ 画

〈二月四日〉

及　川「みんなに考えてもらいたいことがあるんです。真剣に考えてもらいたいことがあるんです。（子どもたちまじめな顔になる）まゆみちゃんはね、この保育園で朝一番早く来るの。七時二十分ごろ来るの。きのうも早く来てね、ワーワー泣いていたの。きょうはね、ほらあすこにパン屋さんがあるでしょ？　あすこのおばさんがね、ドンドコ（たき火）にあたらして、パンもくれたんですって。親切ねえー。だけど先生たち、朝早いからたいへんなの。どうしてたいへんか、みんな考えてください」

よしお「早すぎる」

ひろふみ「ごはん食べるじかんがない」

よしひろ「せんせい　まだからだ　わるいでね」

て　つ「ごはん　あわてて　食べんならん」

まさよし「ごはん　食べれん」

ひろゆき「早く食べると　のどに　つっかえちゃう」

ひろのり「ばんに　じょうかい（鍵かけ）　やったで　おそくなるの」

はるお「せんせい　いそがしいもんで」

しょうじ「せんせい　とおいで」

及　川「そうなんだよー。みんながぐーぐーって眠っているときも、仕事をしているの。『まゆみちゃん早く来るから、早く行ってストーブ燃やさないとかわいそうだなー』って思っても、疲れているし、それにまだ、ちょっと病気でしょう？　だから来れないの」
はるお「せんせいがくるまで　まゆみちゃんがきたら　なかんように　みててやる」
よしお「だっこして　もりしてやる」
よしひろ「せんろのほうへ　いかんよう　みててやる」
しょうじ「せんせいがおそかったら　せんろのところへ　まみちゃんつれて　むかえにいく」
及　川「みんな親切ね。先生、これお願いしたいんだけど、七時二十分頃、まゆみちゃん来るでしょ！　だれかのうちで預かってくれるとこないかしら？　先生が来るまで」
しょうじ「ぼくんちのかあちゃん　ねぼう」
及　川「どうしてお願いしたいかっていうとね、先生そんなに早く来れないし、保育園には鍵がかかっているでしょう？　寒くてかわいそうだから、お願いしたいの」
しょうじ「かあちゃんに　いっぺん　はなしてみる」
及　川「しょうじ君だけ？　話してくれるの」
はるお「ぼくも」
よしお「ぼくも」
まりこ「まりちゃんも」
て　つ「てっちゃんも」

あいぞう「はーい」（手を上げる）
あきこ「かあちゃん　ひとつれてきちゃいかん　いうもん」
ひろふみ「ぼくも　きいてくる」
及　川「それじゃ家に帰ったら、お母さんに相談してきてね。お願いします」

〈二月六日〉

きょうは、あきちゃんとけんちゃんが先生の代わりである
土　方（子どもの先生に）「いまからまゆみちゃんのこと、話し合ってもらいたいと思います」
あきこ「まゆみちゃんね　朝七時半ごろくるでしょ　きんのうの　きんのう　おかあさんが　あずかってもいい　っていった人いる？」
子ども「わすれたー」
土　方「言いたいことが、あるんですけど」（手を上げる）
あきこ「はい」
土　方「みんな聞いてくることになってるんでしょ？　一人ずつ聞いてください」
あきこ「ひとりずついってください　しょうじ君から」
しょうじ「ゆうこが　はしか　かかっとるで　いかん　いった」
ひろのり「わすれてきた」

はるお「いい　いった」
ひでお「なんも　きいてこん」
ひろふみ「わすれちゃった」
あいぞう「うんとーな　えーいった」
まさよし「ええ　いった」
よしひろ「戸をこわすで」
あきこ「あんな小さい子が　こわすかしら」
て　つ「いかんて」
よしお「どうしていけないか　いってください」
土　方「いいって言った人、だれとだれですか?」
あきこ「うちで　いいっていった人　立ってください」(四人立つ)
けんいち「せんせいが決めたほうがええか　みんなで決めたほうがええか　手あげてください」
あきこ「みんなで決めたほうがええ人?」
子ども「はーい」
けんいち「せんせいが　決めたほうがええとおもう人?」
子ども「はーい」
あきこ「よしお君　二かいも　手あげたから　わからへん」

土　方「四人のうち、だれがいいか決めたほうがいいと思います」
あきこ「じゃ　はるおちゃんいい人？」
子ども「はーい」
けんいち「しゅういち君　がいい人？」
子ども「はーい」
あきこ「あいぞう君いい人？」
子ども「はーい」
けんいち「まさよし君いい人？」
子ども「はーい」
土　方「だれがいちばん多いの？」
あきこ「はるおちゃん」
土　方「じゃ、はるおちゃんに頼みましょう」
及　川「お願いします」
子ども「おねがいします」

一番末っ子で、甘えんぼうのはるおちゃんに決まったことは、はるおちゃんにとってもかえってよいことだと思いました。

五時すぎ、仕事から帰ったまゆみちゃんのお父さんといっしょに、はるおちゃんの家へお願いに行ったところ、お母さんもこころよく引き受けてくださいました。

次の日から泣くこともなく、まゆみちゃんはあたたかい部屋であそばせてもらうことができました。その後、「ぼくのうちにもおいで」という子が多くなり、友だちへのやさしい心づかいが、育てられてゆきました。

私たちも子どもたちの親切に感謝しながら、安心して出勤することができたのです。

三百円ものがたり　続き

みんなで植えたチュウリップが、太くて丈夫な芽を出しはじめてから一ヵ月、あとは花が咲くのを待つばかりです。一生懸命育てたチュウリップは、大ぶた組の子だってほしいでしょう。そこで、卒園を間近に迎えたある日、みんなで相談したのです。

〈三月十四日　朝の集りで〉

難　波「大ぶた組の子、もう卒業でしょ。みんなで植えたチュウリップの植木鉢、どうしょうか？　大ぶたの子、ほしいでしょ」

大ぶた組の子「ほしい　ほしい」

難　波「中ぶたの子、あげていい？」

中ぶた組の子「やだ　やだ　やだ」

難　波「なんであげるのいや？」

て　つ「わるで　やだ　ぼうでボギャン　やるで」

難　波「大ぶたはなんでほしいの？」
ともお「がっこう　いく子　なんかもらったがや」
しょうじ「ゆきちゃんたちが　もらったから」
難　波「学校に行くからほしいんだってさ。いいでしょ、あげても……中ぶたの子、心配だったら聞いてごらん」
中ぶた組の子「だいじに　しますか」
大ぶた組の子「するわ」
難　波「中ぶたの子いいですか？」
中ぶた組の子「ん　ん」
難　波「それから、先生たち考えたんだけど、みんな東京の保育園からお金をもらったでしょ。だから、花を植えられたのね。なんていう保育園だっけ？」
よしお「とよかわほいくえん」
ひろのり「とよかわ」
よしお「はとのもり」
難　波「違う、違う。みんな忘れんぼうだな」
としお「いのがしらほいくえん」
難　波「そうね、井の頭保育園ね。あのね、井の頭保育園のリス組の子ももう卒業で一年生になるのよ。だから、井の頭保育園にも一つあげるといいと思うんですけど、どうですか？」

しょうじ「クロッカス　あげりゃ　いいが」
難　波「クロッカスは花が枯れちゃうよ」
あきこ「チュウリップ　ひとつ　あげりゃ　いいが」
難　波「それでいい？」
子ども「ええ　ええ」
子ども「オイカワせんせいが　とうきょうにいくとき　もっていって　もらえばいいが」
しょうじ（及川に聞く）「とうきょう　いくだろ」
及　川「ん」
難　波「じゃ及川先生に頼んでください」
子ども「とうきょういくとき　もってって　ください」
及　川「はい」
子ども「おねがいします」

みんなで相談した結果、植木鉢を一つずつ大ぶた組に卒業記念にあげることにしました。また一つは、三百円を送ってくれた東京の井の頭保育園にもあげることにしました。残りは、中ぶた組と小ぶた組が育てます。そのうち、それぞれのチュウリップが美しい花を咲かせてくれることでしょう。

井の頭保育園へ植木鉢をあげる手紙

こないだは　三百円　もらって　どうもありがとう　そのお金でスコップを買いました　おれいに　花と　植木鉢をひとつあげます　みんなが　いいすなを　スコップでほって　植木鉢に入れました　チュウリップの芽が　どんどん　出てきました　及川先生が　とうきょういくので　もってってもらいます　たいせつに　してください　まいにちみて　ください

大ぶたの子は　もうすぐ　一年生になります　その名前は　星野庄司と　石川良雄と　増島弘法と　申春夫と　山本明子と　中山健一と　古川秀夫と　柴田真理子と　野村修一と　高野博文と　松本共生君　そんだけ　学校に　あがります　保育園で　ランドセル　もらいました　花がさいたら　おしえてください

さようなら

ぶんなぐられたはなし

昨年の八月、ほんのちょっとしたことでも、なぐる、ける、かみつくの大げんかを起こし、気に入らないとぷいとどこかへ出かけ、半日でも一日でも帰ってこない子どもたちの状態に、身の安全と集団の規律を守るために、ある程度保育者との結びつきができて、なぜ怒られたのか考える力のある子どもを、ぶんなぐることにしたのです。それ以来、友だちに対する思いやりと規律ある子どもたちに変わってゆきました。そこで、ぶんなぐられたことをどう考えているか探ってみました。

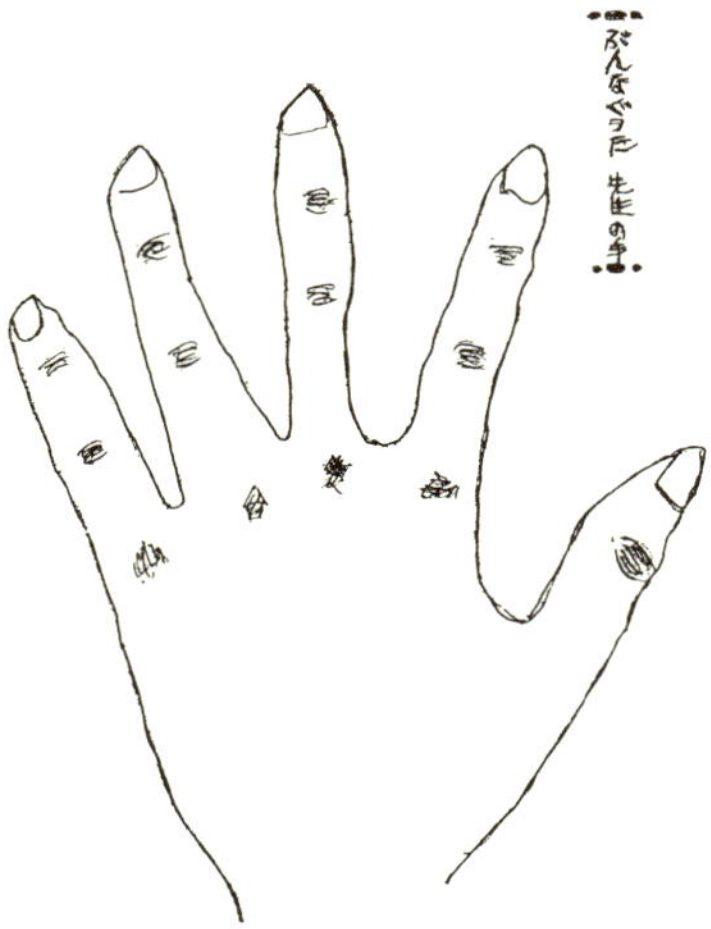

〈三月十七日〉

及　川「ずっと前、及川先生や難波先生にぶんなぐられた人」

子ども「はい　はい」

及　川「どうして『ぶんなぐられたか』おぼえている?」

子ども「おぼえてる」

及　川「ともちゃんは、どんなことやったとき?」

ともお「わるいこと　やったとき」

及　川「どんな悪いこと?」

ともお「やくそく　やぶったとき」

及　川「どんな約束?」

ともお「わすれた」

よしお「わたしは　なんべんも　なんべんも　いわれても　わるいところ　なおさないもんじゃー」

及　川「どんなとこ、なんべんも言われたの?」

よしお「かたづけんとき」

及　川「よしおちゃんなんか、はじめのころほんとにずるかったよね。知らん顔して逃げて行っちゃうんだもの」

ひろのり「ぼくは　小さい子　いじめたとき」
及　川「どうやっていじめたの？」
ひろのり「かみついた」
しょうじ「ぼく　小さい子　いやがらせしたとき」
まさよし「かとう君と　しげき君と　けんかしたとき　おこられた」
けいこ「丸く　すわってるとき　はなしきかんでいたら　おこられた」
て　つ「砂のところで　砂　ほかろうとしてたら　おこられた」
及　川「あとの人はおぼえてない？」
あきこ「あきちゃんもおこられたけど　わすれちゃった」
及　川「あんまりいっぱい怒られたので、みんな忘れちゃったのかな？　先生もちょっと忘れちゃったなー。でも、みんなのことぶんなぐったの忘れられないなー。ぶたれたとき痛かった？」
子ども「うん」
よしお「わたし　いたいときあったけど　いたくないときも　あったよ」
及　川「なんべん話をしても、みんな分かってくれなかったんだもの。しょうがないよね」
ひでお「うん」
及　川「ハッハッハッ」

はるお「なに　おかしい」
及　川「みんなもしょうがないと思うの？」
子ども「……」
及　川「あのとき先生にぶんなぐられなかったら、みんなはどういう人間になったかな？」
けんいち「わるいにんげん」
及　川「どういうふうに悪い人間？」
けんいち「かみつくにんげん」
ひろふみ「あつまりのとき　あそびに　にげていく　にんげん」
及　川「そういうとき、みんなに迷惑かけちゃうね」
しょうじ「めいわくかける　にんげん」
あきこ「しんぱいかける　にんげん」
及　川「そういうにんげんになりたい？」
子ども「なりたくない」
及　川「先生たちも、そういう人間にするのいやだなーって本気で思ったから、ぶんなぐったのよ。もうぶんなぐられなくっても考える力ができてきたからよかったわね」

お別れ

大ぶた組とのお別れもだんだん近づいてきました。

あれもこれもと思いながら、なんにもしてあげられなかったような気さえします。

子どもたちから批判を受けたいと思い、「言いたいこと」ということで話をしたら、お別れのあいさつになってしまいました。

〈三月十七日　大ぶた組〉

及　川「もうみんなともあまりお話できなくなるけど、先生たちや中ぶた小ぶたになにか言うことない？」

ひろふみ「オイカワせんせい　かぜひき　なおってください」

あきこ「かぜひかんように　してください」

しょうじ「おげんきで」

よしお「オイカワせんせい　じぶんをたいせつに　してください　せんせいのからだのきかい

たいせつに　してください」
あきこ「ナンバせんせいと　たのしく　くらしてください」
ひろふみ「オイカワせんせい　レンガのように　つよくなってください」
及　川「どうもありがとう。みんなに負けないように、先生も強いレンガになります。難波先生に言うことない？　ずいぶんお世話になったでしょう」
ともお「ナンバせんせいも　レンガのように　つよくなってください」
あきこ「ナンバせんせい　かぜひかないようにしてください」
及　川「学生の先生にも面倒みてもらったでしょう」
ひでお「学生さん　まきわってくれて　ありがとう」
けんいち「学生のせんせい　中ぶたと　小ぶたと　よくあそんでやって　ください」
ともお「てつや君　ままごと　いれてくれて　どうも　ありがとう」
はるお「いっぱいあそんでくれて　どうも　ありがとう」
あきこ「絵本や　オモチャを　たいせつにしなさいよ　みんなけんかをしないように　なかよくあそびなさいよ」
よしお「かたづけになったら　すぐ　かたづけなさいよ」
しょうじ「せんせいを　困らせては　いけませんよ」
ひろのり「がっこうかえったら　あそびにくるよ」

〈三月二十日　朝の集りで〉

及　川「ね、みなさん！　泣くのも笑うのも怒るのもきょうかぎりとなりました」

難　波「ウワッハッハッハッ」

子ども「ゲラ　ゲラ　ゲラ　ゲラ」

及　川「ハハハハ、なにおかしいの？」

子ども「ナンバせんせい　わらうで」

及　川「あっちゃんみたいに泣くのも、はるおちゃんのように話を聞かないのも、きょうで終わり。もういっぺん怒りたいなー。なんだか先生悲しくなってきたわ」（泣くまねをする）

子ども「わらってるがやー」

及　川「あら、顔は笑っていても心で泣いてるのよ。きょうはお話したいことといっぱいありますけど、みんな家が近いから、学校行っても保育園にあそびに来てくださいね。あらたまらなくてもいいでしょ。忙しいことがいっぱいあるから……みんなも強いレンガの一年生になってね」

第3章

支えあい、育ちあう

よい保育を行っていこうとする時、地域の人たちや家族の協力は欠かせない条件です。まずどうやって子どもに目を向けさせるか、保育園に目を向けさせるか、自分の子どもだけではなく、園全体の子、地域全体の子に目がいくようになるか、あれこれ実践してみました。連絡帳や家庭訪問、懇談会やぬいぐるみつくり、はては忘年会や新年会でドブロクを飲んで一緒にゴーゴーをおどるなど、とにかくなんでも親しく話せる関係を第一の目標におきました。

秋の運動会では子どもたちの描いた絵をヒモにつけて万国旗がわりにかざりました。園庭はないので園の前のちょっとした広場です。リンゴ箱に座布団をのせて飛び箱（当時のリンゴ箱は木でした）です。鉄棒はホウキの竹です。子どもたちの演技に拍手いっぱいの楽しい運動会でした。日々の生活に精一杯で多忙なお母さん方に少しでも保育園のほうを向いてもらいたいと、夜、オモチャづくりを計画しました。ぬいぐるみのクマを作ってもらうため、型紙や布も用意しました。ところが、ドブロクをもってきたお母さんがいて、みんなで飲んで夜明かしです（ドブロクというのは自家製の濁り酒のこと。現在は酒税法で醸造が禁止されている）。クマ作りはどこへやら。その夜の集まりで台風のおそろしさをしみじみと語ってくれたお母さんがいました。「今でもよー、ぬかるみが足にさわるとヒエーッてなって、ぞぞーと台風の時のことが思い出されるのよ」。これをきっかけに、台風の時のことをそれぞれ書いてもらい、1章で紹介した『伊勢湾台風特集号』として記録に残しました。

好評だったのは公開保育でした。連絡帳を見ない人でも、懇談会に来ない人でも一人残らず参加しました。公開保育は夜行いました。その日は、保育園に入っていない地域の子どもたちを紹待します。開けはなされた窓の外には地域のおじさん・おばさんたちでいっぱいでした。最後の全員合唱になると、大人も子どもも、父母も地域の人もセツラーや保育者も、みんな素直に一つの心に結ばれた感激で、大人たちは涙をこぼしたのでした。保育園を教育の場としてとらえるようになってきました。こうした力が土台になり、ヤジエの地域に公立保育所を建てさせるまでに発展していったのでした。

あるお母さんとの連絡帳を紹介します。

「レンガの子ども」と母親——連絡帖より——

〈十月七日〉　母

「おかあちゃん　かみさまから　にんげんがうまれたでしょう　そうしたら　かみさまはどこからうまれたの？　なんにもないとき　かみさまどうやってごはんたいたの？」

今朝も、いつもの話が始りました。

このごろ三日ばかり毎朝同じ質問をするのです。それは、きまって神さまと人間に対する疑問ですが、以前からこの話についてはよく質問ぜめにあっていたのですが、最後には何を話してよいのか分からなくなってしまいます。

何かよい解答を与える方法はないものかと考えていたのですが……。

「お母ちゃんもそうゆうことはよく分からないから、また、よく考えたりお勉強してから教えてあげるわね」とその場は何とか納得させるのですが、どうしても、その不可解な疑問を知ろうとするのです。いつまでも、このままでいいのでしょうか。

〈十月八日〉　及川

ちょうど明ちゃんぐらいの年齢のとき「どうして？」「なぜ？」という質問が多いものです。女の子より男の子のほうが多く質問するといわれておりますが、明ちゃんもだいぶ深いところまで疑問を感じ、お母さんを困らせているようですね。実際のところ、私も人間の一番はじめのはじめは何なのか知りません。

人間は神さまから生れたのでなく、人間の祖先は、サルであると理解してきました。その一番祖先のサルをネアンデルタール人と呼んでいたようです。そのサルが頭を使うようになってから手足が、それから頭などが発達し、今の人間になっていったということです。そんなこと明ちゃんに分かりやすく説明したら、どうでしょう。

わからないときは、でたらめなことといわないで「私にもわからないの、明ちゃん大きくなって一生懸命勉強したら人間のはじめは何だったのかわかるかも知れないよ」とでもいっておいたらいかがでしょう？

明ちゃんが、こんな疑問をもちはじめたこと、それは、人間そのものを見つめ、社会そのものをみつめてきている結果だと思います。

〈十月十日〉　及川

「レンガの子ども」第三号お読みになりましたか？　お母さんにつくっていただいたぞうきんの話のでているのです。

〈十月十日〉　母

「レンガの子ども」第三号読みました。

ぞうきんのお話興味深く読みました。日常無関心のような子どもたちでも、話合うことによってよい事、悪い事がよく分かるようになると思います。子どもたちの物を考えるお手伝ができたことを、ほんとうにうれしく思っております。

〈十月十三日〉　及川

今日はお母さんにおうかがい致したいことがあるのです。もし、何度注意しても分からない、または分かっていながら注意されても平気な顔で悪さを続ける子どもに対して「ぶんなぐって」それをなおそうという考えの教育者がいたとしたら、そういう考えに対して、どうお感じになりますか。

しかも、そういう教育者に自分の子どもをあずけていたら、たいへんおどろかれるでしょう。実は、そういう考えをもっていた教育者が私だったのです。教育者などといえたものではないのですが、何かあやまった教育のしかたを行ってきているような気がしているのです。突然、こんなことをいっても何だかさっぱり分からないでしょうが……。つまり、今日、私は明ちゃんをなぐったのです。そのとき鼻血がでました。

本当のことなのです。おどろかないでください。理由は、「集りですよ」と何度言っても部屋へ入って来ませんでした。丸い輪になって座っていた子どもたちも、呼びに行ったりしたのですが、逆に逃げてしまいました。

明ちゃんだけではなく、他に三人の子がいるのですが、その先頭になっているのは、明ちゃんと良雄ちゃんなのです。四人が来ないため、さんざん待たされた子どもたちはすっかり怒ってしまいました。「ぷんぷんになって　おこっちゃえ」「ひっぱたいちゃえ」と子どもたちも真剣でした。ニヤニヤ笑いながら部屋に入って来た四人は、思いもかけず、みんなに攻げきされ、ワァワァ泣いてしまいました。そのうち三人は、泣いたままで抵抗しなかったのですが、明ちゃんだけは攻げきしてくる友だちに、泣きながらひっかいたり、かみついたりしようとするのです。自分の態度の悪かったところを、みとめようとするところが少しもないのです。

明ちゃんのこうしたごうまんさを、なんとかなくしたい、他の子のみせしめの意味でも、そう考えたとき、私の手が明ちゃんのほほを打っていました。

私は「生命を大切にする子どもたちになってもらいたい」と、保育の目標をそこに考えてきたのでしたが、考え方と行動との矛盾に保育者としての悲しみを、今日しみじみと味いました。どうぞお母さんのお考えを、お聞かせくださいませ。
それにしても、今日その事があってから明ちゃんの明るい態度は、いったいどうしたわけなのでしょう。今日のことがたいへん気になるのですが、用事があって東京に行くため、明日からお休みしなければなりません。何事もなかったようなはればれとした明ちゃんの顔を見ていると、大丈夫だという気がするのですが、私自身の気持ちの上でたいへんなショックを感じているのです。

〈十月十七日〉　母

難波先生とお話合いできて、本当によかったと思います。このノートによって、いろいろ話合えるようになったことをうれしく思っておりますが、でも詳細についてはまだまだ筆不精な私には思うことも書けず、充分な話合いが出来ない事を、くやしく思います。そういう点、直接お話合いできれば、本当によかったと思ったことでした。

〈十月十八日〉　及川

昨夜、東京から帰って来て、私のいなかった三日間の事を難波さんからうかがいました。
明ちゃんをぶったことについて、私も東京へ行ってもずっーと気になっていたのですが、こちらではお母さん方が集って、そのことを話合われたと聞きたいへんうれしく思いました。

こういうことについては、私や難波さんの間では毎日のように話されているのですが、お母さん方と一緒になって話合ったことは一度もありませんでしたね。〝良い子どもにしたい〟とどんなに一生懸命になっても、その扱い方にまちがいがあったら子どもたちは、正しく成長してくれないでしょう。そう思うと、大変な責任を感じています。二十日の夜は、いろいろと話合いたいと思います。

〈十月二十一日〉　母

昨晩はほんとうにゆっくり話合いでき、嬉しく思いました。

みなさんの賢明な御意見を拝聴し、たいへん私自身勉強になったとよろこんでいます。と共にもっともっと立派な母親となるためにいろいろ勉強しなければならないと痛感いたしました。

〈十月二十一日〉　土方

昨夜はほんとうに御苦労さまでした。ほんとうに話合いをもってよかったと思います。私たちの子どもの扱い方も、いろいろこういうお母さん方からの反響があってこそ、正しいものになってゆくと思うのです。これからはお母さんがおっしゃるように、お父さま方も含めたものに、そして子どものお母さん全体に広がってゆくよう、そんな機会もぜひもちたいと話合いました。

〈十月二十二日〉　及川

二十八日には、ちょっとした運動会を行いたいと思っています。それにも、ぜひお母さま方に参加していただき、日頃の保育園での様子を見ていただきたいと思います。

それに他のお母様の要望で、ぬいぐるみのクマの人形をつくりたいから講習会をひらいてほしいという話もでております。お母さんもおつくりになりませんか？　かんたんですよ。

〈十月二十四日〉　母

お人形作りのこと、ぜひ御一緒に講習していただきたいと思います。子どもたちのよろこぶお人形が私たち母親の手で作ってやれるなんて本当に素晴らしいと思います。

〝放任主義について〟という朝日新聞の切抜きをはさんでおきますが、もうお読みになった記事でしょうか。

〈十月二十四日〉　及川

〝放任主義について〟の新聞の切抜きを見て、やっぱりと思いました。実は私たちも三日間連載されたこの新聞を読んで、いろいろ話合ったのですが、いつか明ちゃんのおべんとうを包んでいた新聞紙が朝日だったことを思い出し、お母さんも読んでいらっしゃるかしら……もし読んでいなかったらお知らせしてあげましょうと思い、私たちも新聞の切抜きをもって来たところでした。

偶然一致したので、やっぱりと、うれしくなりました。

この〝放任主義〟を書いてくださっている中で、いちばん最後の武田先生が書いておられるのが、とてもよくわかりました。私たちの考えていることが、武藤さんのお家でお話合いましたように、そうまちがっていないという気がしてきました。

〈十月二十六日〉　母

この頃、脱いだ服を枕もとに置いて寝るのですが、朝になると映子ちゃん達のと一緒になってしまうので、何かいい方法を考えようかと明子ちゃんが言い出しました。

「うーんと」としばらく考えていましたが、「おかあちゃん　いいかんがえがある　じぶんじぶんのざぶとんを　まくらもとにおいて　その上にじぶんのふくをおくの　ね　いいでしょ？」といいました。

この頃自分で物を考えようとする力が、積極的になってきたと思います。やっぱり保育園で教えていただいているように、家庭でも子どもたち自身で考えさせるようにしなければならないと思いました。立派な教育をするには、家庭と保育園と一致した教育が必要だと思います。

〈十月二十七日〉　及川

立派な教育をするためには、家庭と保育園と一致した教育が必要だとおっしゃっておられること、本当にそうだと思います。この連絡帖をつくったのも、つまりはそういうことのためなのです。保育園では良い子なのだが、家に帰るとどうも……とか、また、その逆にお家では良い子なのだが、保育園ではどうも……等ということはよくあることですね。お家でと保育園でとどうして、そうちがうのか……それはきっと、その子どもに接するまわりの大人たちの態度が、ちがうからなのではないでしょうか。お家の人たちも、それから保育園の人たちも、一貫した教育方針があれば子どもたちを、そんなに二重人格的な人間にしないでもすむのではないかと思うのです。

保育園やお家の人たちばかりでなく、世の中のすべての人たちが、子どもたちをどう教育するか、大人の責任として、まじめに考えてくれたら、どんなによいでしょう。

いよいよ、明日は運動会です。お庭もきれいになりました。みんなできれいにしたのです。明日はどうぞ、いらしてくださいませ。

〈十月二十九日〉　母

少し降りかけた雨に、昨日の運動会のお天気を心配しておりましたが、すっきりした秋晴れのよいお天気になり、子どもたちよりも、私たちのほうが、すっかりうれしくなってしまいました。大きい子も小さい子も音楽にあわせておどるのを見て、ほんとうにその御苦労を偲ばずには、いられません。

〈十一月一日〉　及川

今日、今まで考えておりました、年齢別のクラス分けを行いました。年長、年中、年少の順でそれぞれの名前を、大ブタ組、中ブタ組、小ブタ組とつけました。この名前は子どもたちたいへんお気に入りで大よろこびなのですが……。これからは、今までよりも年齢にそくした保育ができるかと考えております。クマの人形を今週の土曜日集まっていただいて、つくりたいと思いますが、いかがでしょうか。御都合お知らせくださいませ。

〈十一月二日〉　母

人形つくりのこと、たいへんいいことでぜひ一緒に教えていただきたいと思うのですが、講習を受ける方は何人位でしょうか。一人や二人では、お疲れのところ先生に夜遅くまで御無理ねがってもたいへんだと思うのですが。

井手さん、お引越とのこと、それで何か子どもたちと一緒にお誕生会をかねて、お別れパーティをしてお送りしたいとの事たいへんいい思いつきだと思います。

大ブタ、中ブタ、小ブタ組はけっ作ですね。でも三組にわかれるとそれだけ手がかかり、お二人ではお忙しいのではないでしょうか。

〈十一月十二日〉　及川

今夜の父母の会、おまち致しております。

〈十一月十四日〉　母

父母の会の事、本当にもっと私たち父母が、自分自身の事として、しっかり話合わなければならないと思います。この問題については、以前から心配していたのですが、保育園をはじめたときから考え合っておかなければならない問題だったと思います。

今、ここにいたってもなお、人ごとのように会合に出られないお母さんたちのある事を母親の一人として悪く思うと共に恥かしくなってまいります。お勤めのお母さんもあり、お疲れのことと思うのですが、人それぞれ忙しく一日の疲れは誰でもだと思います。でも、自分の吾子の立派な成長の為ならば、二、三時間の時を、子どもたちのために考え合うことが、どれだけの苦痛になるのでしょう。

役員の選出も、もちろん必要ですが、役員だけが話合い考え合うのでなく、皆で話合う機会をもっと作らなければなりません。

〈十一月十五日〉　及川

父母の会の時には遅くまで、たいへん御苦労さまでした。本当にお母さんのような方ばかりならばどんなにこの保育園も、しっかりしたよいものになってゆくでしょうに……。でも、少しでもそういう方のおられることは、私達にとって、たいへん力強く思います。
　このお母さんの熱意が、一人に伝わり、二人に伝わり、三人に伝わり、そして父母の会に一度も顔を出されたことのないような方々にも、伝わり、拡められ、みんなの力が一つになって、このヤジエ保育園の建設に努力してくださる日の来ることを願っております。

〈十一月十七日〉　母
　豊川保育園との交流、たいへんよい事と思います。代表にえらばれた大ブタ組の増島君なら、きっと立派なごあいさつも出来ると思います。そして、色々なことをどんな風にみつめて来るのでしょう。私たちも、本当に興味深く思われます。豊川保育園からも、お友だちを迎えられる事を子どもたちと一緒に望んでおります。私たち母親も小さいお客さまを何かおもてなしができればと、私なりに考えているのですが、如何でしょう?

〈十一月十九日〉　及川
「レンガの子ども」第九号ごらんになりましたでしょうか?　御感想お聞かせください。

〈十一月二十一日〉　母

「レンガの子ども」何度もくり返して読みました。子どもたちの会話によって、働くことの喜び、尊さ、苦しさ、そしてそれによる考え、等々の事がよくわかりました。それは、多額なお金をかけた教材を使っての教育の何にもまさる立派な教育だったと思います。

〈十一月二十四日〉　母

昨日は雨上りで、一日中道が悪く、子どもたちは家の中でママゴトで大変でした。明ちゃんには私に対するどんな要求があるだろうか。子どもたちの私へのこうしてほしいという要求、そんなことを知るのも子どもたちを善導するために必要ではないかしらと思い、明ちゃんと話してみました。

「明ちゃんはどんなお母ちゃんになってほしいと思うの？」とまずこう聞いてみました。即座に「やさしいけどね、おこらないおかあちゃん」。私は、ドキンとしました。ああやっぱりそうだったのか、子どもたちには、よく怒るお母ちゃんだったのです。

そうしてはいけない、こうしてはいけないと、あまりにも大人の考える良い枠の中にはめすぎてしまったかも知れないと反省しました。怒る範囲を縮めなければ、許せることのできるかぎり目をつむらなければ、これは、私自身の努力が、最も必要だと、つくづく感じたことでした。

〈十一月二十四日〉　及川

子どもがどんな事をした時、本当に怒るか？　どれ位のことをしたときには目をつむるか？　それを判断するのは、なかなかむつかしいようです。

「やさしいお母さん」または「やさしい先生」と言われたいから、そう子どもに思われたいから子どもが悪い事をしても怒らないとしたら、それは、本当の意味で子どもを愛している事にはならないと思います。「怒るお母ちゃん」「怒る先生」と言われても、やはりその子のためによくない事をした時には、話をし、わからないときやはり怒ることになるのではないでしょうか？

あすは、井出さんのお別れパーティですが、準備よろしくお願いいたします。

〈十一月二十五日〉　母

今日はいよいよ送別会の日ですね。司会者という今までしたことのない大役を仰せつかり子どものように朝から何か心配です。

〈十一月二十六日〉　母

お別れパーティが出来たことを、本当によかったと思います。昨晩は、何だかすっかり感激致してしまいました。私が涙もろいせいでしょうか。心配していた司会者も、何とか曲りなりにも果すことが出来、ほっと致しております。

〈十一月二十六日〉　及川

昨夜は、大変ご苦労さまでした。新しく運営委員や役員も決まり、ほっと致しました。これからは、お母さま方と一緒になって、これからの保育所のことについて、御相談致したいと思います。

〈十一月二十八日〉　母

いろいろ書きたいのですが、忙しいので今日は運営委員の事について少しばかり書いてみたいと思います。運営委員や役員が決定し、本当に私も安心致しました。と共に自分の余りにも責任の重大さを改めて感じた次第です。

第一に、新役員の会合をもって頂きたいと思います。新役員が決定した以上、今までの役員のように名目だけの役員に終止するのでなく、それぞれの責務を果す為のいろいろな努力をなさなければなりません。運営委員など、特に「児童福祉法」などの法律を、よく知る必要があると思うのですが。と共に、役員だけの運営委員会でなく、もっと全体のお母さん方にも運営委員会の本質や現状を知って頂く必要が、あるのではないでしょうか。

私たちは、もっと話合う機会をたくさんもち、一人でもよりたくさんのお母さんの出席を得て知って頂くよう活動しなければならないと思うのですが、それがまず保育園を立派なものにするための第一歩だと考えております。

〈十一月二十八日〉　土方

次々と素晴らしいお考えを知らせてくださって、ありがとうございました。運営委員などに選ばれたお母さん方の集り、早急にと思っております。でも別に、勉強会のようなものをもったらいいですね。どんなふうに法律では子どもを守ろうとしているのか、それと現実をくらべて差をみるためにも、児童福祉法の勉強は必要だと思います。

〈十一月二十九日〉　母

「母親特集号」たいへん面白く拝読致しました。と同時にいろいろな角度からみて、参考になったと思っております。十月、十一月号と追って出版して頂いてもよいと私は思うのですが。

もちろん「母親特集号」そのものは、連絡帖ですから公表すべき性質のものではないのですが、子どもたちのために、よりよい子どもを育成するために考え、話合うことをモットーとしての連絡帖ならば「母親特集号」によって、その本質を生かし、少しでも子どもたちの教育への視野を深めることができれば、本当に有意義になると思うのですが……。

〈十一月三十日〉　及川

「母親特集号」についての御感想、ありがとうございました。いろいろ反対もありましたが、やっぱりまとめて出したのは、よかったと私たちも話し合っております。それは、私たちの保育のやり方のよい反省にもなったからです。

実は、今週の金曜日、夜七時から新役員の方々に集っていただき、この特集号についての反省会を行いたいと考えているのですが、御都合いかがでしょうか？　その上で、これからの特集号を出すかどうかも考えあいたいと思います。寒いので、火ばちの用意をしておまちしております。

「ほんとのほいくえん」をつくろう

前節の連絡帳の紹介でかいま見ることができたと思いますが、お母さんたちは文字通り我がことして保育園を、そして私たち二人を支えてくれました。その力は、やがて公立保育所建設の運動に大きく発展していくことになります。ヤジエに「ほんとのほいくえん」が実現する——いま振り返れば、それはその後「ポストの数ほど保育所を！」を合い言葉に、全国的に巻き起こる保育所づくり運動の幕開けを告げるものでした。しかし、それは同時に、私たち二人にとっては、「一つの終わり」でもあったのです。

ある朝「ヤジエはウソの保育園だ」と子どもが騒ぎ出して、ぎくっとしたことがある。

ともお「バスのってく　ようちえん　ほんとのようちえんだわ」

あきこ「こんなとこ　じむしょだわ」

ともお「バスにのっていくようちえんは　てんじょうも　こわけてないで　きれいだわ」
ひろふみ「うそだわ　うその　ほいくえんだわ」
しょうじ「べんきょうせんで　いかん」
ひろふみ「じ　かかんがやー」
よしお「ほんとうのようちえんは　かざりもあって　まどもきれいだわ」
きはち「べんじょばも　はなも　ふうせんもあるぞー！」
まりこ「ほんとうのようちえんは　バスにのっていくの」
ひろのり「ジャングルも　てつぼうも　あるぞ」
及　川「でも、だんだん本当の保育園みたいになってきたでしょう？　机もできたし、オルガンもあるし、おこりんぼ先生も二人いるし、絵もかいたし、あとどこをなおしたら本当の保育園になる？」
ひろふみ「すいどうも　ついとらにゃ　いかんがね」
よしお「ほんとうのようちえんは　げきするとこある」
ひろのり「みんなで　つくろうか」
及　川「そうだね、みんなで本当の保育園をつくろうよ」
　この日はこれですんだ。が、ヤジエが「うそのほいくえん」だということは、実は真実なのだ。「うそのほいくえん」を「ほんとのほいくえん」にするために、私たちは二年半、名古屋市役所と闘ってきた。そしてそれは成功した。しかし皮肉にも、そのために私たちはヤジエを去らねばならぬことになったのだ。

ヤジエ住宅は、伊勢湾台風の被災者のうち生活に困っている人のために建てられた、「応急仮設住宅」である。家賃は夕ダだが、法律によって、二年でとり払うことになっている。住宅のなかのバラックを借り受けてできたこの保育園も、法律的にはなんの裏付けもないモグリなのだ。住宅とりこわしとともに、当然これもとりこわされる運命にあった。

だから、学生たちは当初から、この保育園を公立の保育園にするために地道な運動をすすめてきた。まず学生たちは市へかけあって、ヤジエ保育園に、毎月二万円の補助金を出させることに成功した。お母さんたちもいっしょにいって「ヤジエの人にとって、いかに保育園が必要か」を訴えたのがきき入れられたのだ。

その後、お母さんたちは、ますます熱心になって、連日、市役所を訪れた。問題は二つあった。一つは、とりこわされたあとの住宅の問題、そしてもう一つは、保育園の問題。去年十一月いっぱいで、ブルドーザーでヤジエを、とっぱらってしまうといっていた市も、この熱意に動かされたのか、夏ごろ、ヤジエのバラックをこわすかわりに、鉄筋のアパートを建てることを約束した。私たちは、小躍りして喜んだ。

やがて、工事は始まった。子どもたちは毎日、工事場に出かけ、地面に腰をおろして、工事のおじさんに話しかけた。

「はやーとこ　つくってちょ」

「レンガの　うちだね」

「レンガの家がほしい」それはレンガの子ども全員の願いだった。まもなく八十七戸が完成、三十三人の園児のうち、五人がクジにあたってまず引っこした。

クジにはずれた子どもは、保育園が終ると、毎日のようにレンガの家へ遊びにいく。

「せんせ　レンガのうち　ええぞ　にきゃあ（二階）ある」

「べんじょば　きれいだで　いかんわ（きれいなのに驚いた）」

「うちのなかに　ミズでるよ」

「みんな　あたる　クジ　にゃあ（ない）かな」

ともかく〝レンガの家〟鉄筋コンクリートの低所得者アパートの工事は、日に日に進んでいた。だが、問題は保育園だ。底辺の人の大部分はともかせぎだ。子どもの面倒までみられない。この保育園は、もともとそうした人の要望に応えてできたのだ。それに、私たちがきてから、ヤジエ保育園はますます、ここの人たちになくてはならぬものになった。住宅とともに保育園がこわされたら、翌日から親たちの生活はどうなるだろう。私たちは市立保育園建設運動に力を入れた。

レンガの家の工事がはじまる

仮設住宅の建替えは、都市計画にも関係することだから、市も割合い簡単にふみきったんだろう。しかし、なんの生産性もない保育園を一つ新しくつくるということを、いくら大名古屋市でもそうすぐにやってくれるとは思えなかった。「市民不在の市政」「企業に顔を向ける市政」は名古屋に限ったことではない。

このころには、お母さんはもう一丸となっていた。連日、民生局長とかけあった。そして、とうとう、市は「レンガのほいくえん」を建てることに決めた。鉄筋ブロック建二百七十平方メートル、工費八百万円、「ほんとのほいくえん」だ。

私たちは、やっとここで息をついたのだが、母親たちは、まだ収まらなかった。私たちを引き続いて「ほんとのほいくえん」の先生にしようというのだ。つまり、私たちを市の職員として採用させる運動を始めた。私たちは、とまどった。だが、もうすっかりなついてしまった子どもたちを見るにつけ、やはりこのまま去るのはつらい思いがした。

「せんせ　あたらしいに　みんなはいれる？　せんせもいっしょに　いける？」

「さあ、それは役所のおじさんが決めるんだって」

「よーし！　せんせもこどもも　みんないっしょに　いかれんだったら　やくしょのおじさんいしで　なぐっちゃお」

「ほんとのほいくえん」の工事を横に見ながら、私たちは学生やお母さんの後にくっついて市役所参りを続けた。市会議員にも働きかけた。

はじめ民生局長が「なんとかしましょ」というので、いくらか安心していたが、人事委員会から横ヤリがはいった。
「市立保育園の保母は市職員である。市職員になるためには、人事委員会の試験に合格してもらわねば困る。すでに合格者でいまだ採用していない人もあるから、その人たちを優先的に採用せねばならない」
まことに筋の通った意見である。だが、どこかが狂っている。人事委員会の説明には、市民が不在なのだ。庶民の生活が、なんにも考えられていないのだ。
私たちに同情する投書が新聞にのり、問題は母親大会にもちこまれ、私たちを守る決議がなされた。京都の松田道雄先生も「名古屋市民よしっかりせよ」と一文を中日新聞によせられた。だがそのときにはもう、「レンガのほいくえん」は完成し、開園をまつばかりだった。
新しい保育園の開園式に私たちは招待された。
ユウヤケ　コヤケデ　ヒガクレテ
ヤマノ　オテラノ　カネガナルー
オーテテ　ツナイデ　ミナカエロ
……………………
新しい園舎で、新しい先生のひくピアノに合せて歌う、子どもたちの歌声をきいて、思わず涙があふれ出てしまった。

ピカピカにみがかれた床の上に、ズラリと並んでいる小さいイス。借りてきたネコのようにおとなしく、そして多少緊張したおももちで、その上にこしかけている五十人のレンガの子どもたち。

つきそってきたお母さんたちは、私たちといっしょに、子どもたちの後にしかれたゴザの上にうなだれてすわっていた。

お母さん方は、今日の日をもっと喜びを持って迎えられることを、期待していたのだ。伊勢湾台風直後、学生の手によってつくられたヤジエセツルメント保育所は全国の心ある方方の援助で支えられてきた。

だが、最大の功労者はお母さんたちだ。私たちの採用運動に活躍したその姿はいまも脳裏を離れない。

その日ぐらしのまずしい生活に追われるお母さん方ばかりなのに、みな職場を休み、内職の手を休め、ミルクとおむつをもって赤ちゃんをおぶり、真夏の暑さに汗を流しながら、連日市役所へ――。〝子どものためだから〟そういって、やっと本工になったばかりの精勤手当の四千円を捨てた人もいた。

私たち二人が、新しい保育園に入れなくても、こんなに成長したお母さん方がいる。こんなに、かたく手を結んだお母さん方の力がある。

コドモガカエッタアトカラハー
マールイ　オーキナ　オツキサマー
コートリガユメラ　ミルコロハー

……………………………………

〝先生たちが教えた歌、よううたうに……〟となりにすわっているお母さんが、そういって声をつまらせた。となりのお母さんも、そのとなりのお母さんも眼にハンカチを当てていた。

「先生たちこれからどうします？」

「またどこかの土地で、どこかの子どもたちといっしょに、ヤジエで学んだことを生かしながら、もっと良い仕事をやってゆくわ……」

そうだ。本当にそうなのだ、これで仕事はおしまいなのではない。お互いに命を大事にしあいながら、みんなで支えあい、働くことの喜びとほこりをもち、しあわせな社会の建設者をつくるのだ。

レンガの子どもたちに負けないよう、私たちも、レンガの保育者になろう。

子どもたちの歌声を後に、新しい保育園を出た。

真夏の太陽を受けながら、私たち二人は、だまって、ゆっくりと歩きつづけた。

第4章

明日に続く物語り

愛知の保育・研究・運動の原点

災害地という特殊な条件の中での保育の展開でしたが、現在も歴史が引き継がれ大切にされていることを振り返ってみると「レンガの子ども」が原点だったことが見えてきます。

第一に、子ども一人ひとりを大切にし日々の生活を土台に話し合い、一人ひとりの考えを引き出し問題を解決する方向性を子どもとともに創り出していきました。子どもと同じ床の上に立っての保育観の確立をしてきました。その話し合いの内容を記録し、毎日通信として親に配り保育園への関心を高めました。

第二に、「レンガの子ども」の実践は公立、私立の保育者や研究者が集まり実践検討をしました。共同研究の場となって仲間が増える中で、名古屋保育問題研究会が生まれました。その後愛知の各地にも保育問題研究会は広がっていきました。

第三に、災害の苦しさ大変さの中でも、父母たちは人間の尊厳を守り、哀れみを乞うのではなくみずから立ち上がり要求運動を展開していきました。住民が主人公という原則を土台に、自治集団として組織されていったのです。その結果公立保育園を建てさせたのです。

第四に、セツルメント活動に参加した学生の多くが、大学で学ぶ理論と地域の中で実践し住民の人達と語り生活を共にすることで理論と実践が結びつき、地に足ついた学問となったのです。

第五に、保育者が豊かに生活していく身分保障の確立も大きな課題で、労働組合作りへと発展していきました。

こうして、伊勢湾台風災害地での活動が、六〇年代の「ポストの数ほど保育所を」の運動、共同保育所づくりへと発展していく原点となったのです。

「レンガの子ども」から五十年、いま思うこと

昨（二〇〇八）年、NHKの「タイムトラベル34」という番組で伊勢湾台風のことがとりあげられました（一九五九年の一年間の出来事を放映したのです）。当時のセツルメントの委員長（名大生）だった東新家宏一さんと私が保育の救援活動についてインタビューを受けました。

「あの頃の学生はすごかった。不眠不休で活躍したのよね」「死体収容の仕事は学生でした」と語る東新家さんに会ったのもなんと四十九年ぶりでした。少し白髪が混じってはいても、当時の面影は青春真っ只中だったヤジエセツルメントを思い出させてくれます。腰にてぬぐい（タオルでなく日本てぬぐい）下駄履きでヤジエにきます。清潔な若い姿は住民の人達にとてもいい印象を与え、ぬかるみに鶴がおりたようだと表現しました。住民の人達に頼りにされ救援活動に没頭する毎日でした。学童の勉強も見ていました。学童保育の原点ですね。「お父さんお母さんたち、たくましかったよなー」「そうよハンパじゃなかったわよね。名古屋市に『オヤツ代よこせ』『公

立の保育園を建ててください』と交渉に行ったとき、子どもをおんぶしていたお母さんが赤ちゃんのおしりつねって泣かせて『子どもが泣いてるよ早く返事してよ！』ってせまったのおぼえているわ」

子どもたちもたくましかったです。ある朝、カギを忘れて保育室に入れなかったとき、電話も、もちろん携帯も無い時代、遅番の原田さんに連絡もできず困っていると、「ガラスわって　はいれば」と年長のしょうじ君が言うのです。私はえーって思いながらも子どもたちは登園してくるし、……大きな石を見つけて、窓ガラスのカギのそばにぶつけてガラスを破り、手をつっつこんで中からカギを開けました。災害にあい、家もなくつらい毎日、貧乏のどん底の中でたくましく生きる力が育っていることに感動し、父母や子どもたちに教えられることばかりでした。

そして流れた月日は五十年、高度成長期を迎え昭和が平成になり、この五十年のあいだに起きた災害は阪神大震災、集中豪雨等々いくつもの災害が人の命を奪い財産を破壊していきました。そして親殺し子殺し、日常的に起きる凶悪犯罪、年間三万人の人が自殺をするという耳目を覆いたくなるような社会に、日本はすごいスピードで変化をしています。

「おとうさんと　おかあさん　りこんしたの」辛そうに語る、離婚が何を意味するのかさえわからないであろう五歳児。昼間は看護婦、夜は飲食店で働くシングルマザー。「子どもをどうしてもたたきたくなるんです」子育て支援センターで泣きながら相談する若いお母さん。傷つきやすい親子、ケースを挙げればきりがありません。心がどこかへ置き去りになって、人と人とのつながりが希薄になり、自分のことしか考えられない価値観の横行、価値の多様化の中で私たちは今何をなすべきか問われていると思います。名古屋にある、夜間保育所かわらまち保育園での実践で、親が入院して子どもをみる人がなく困ったときに、園長先生の家や主任さんの家で預かり、泊めてあげたお話しを聞いたときはうれしかったです。

ヤジエの実践は一人ひとりの子どもの身になり、親の要求に応えることから始めたのです。今この瞬間手をさしのべたら、助けてあげたら、親子心中せず、虐待せず、のりこえられる親子っていっぱいいるのではないでしょうか。

保育者が心から子どもを愛し親の悩みに応え、ともに子育てしていくことこそが保育の原点です。ヤジエから生まれた公立保育所、宝保育園はきょうも子どもたちの笑顔はじける場、親たちを支える場となっています。

いますすめられている公立保育園の民営化、保育制度の改革のもたらすものは未来を担う子どもの育ちを破壊するものです。この危機を保育者と父母が心の底からつながって最大のエネルギーを発揮して大きな運動のうねりをつくっていきたいです。

「センセー、うちの兄ちゃん　タイフウでながされて死んだよ、でもだれもべんしょうしてくれんもん。人間のいのちはべんしょうできんもんね」

と言ったヤジエの子どもの言葉をまたかみしめて、命が大切にされる社会めざして一歩一歩あゆんでいきたいと思います。

『レンガの子ども』を知らない人たちへ

中村強士

及　川「長いこと休んでどうもすみませんでした。（おじぎをする）心配かけてすみませんでした」（おじぎをする）
子ども「どういたしまして」
及　川「まだ全部よくなりませんけど、出てきましたからどうぞ助けてください」（おじぎをする）
子ども「どうぞたすけて……」（笑う）
及　川「難波先生、ずーっと一人でたいへんでしょ。かわいそうだから、がんばって出てきたの。どうぞよろしく」
子ども「どうぞよろしく」（笑う）

私が『レンガの子ども』の中で一番好きなところはここです。こんな保育者と子どもとの関係って素敵ですよね。では、いったいどうすればこの関係をつくることができるのか考えてみました。

ひとつは、子どもを主人公にしている点ではないでしょうか。ここでは子どもと保育者は対等な関係にみえます。ともに保育をつくる主体者として考えられているようです。また、「なんでも大人が勝手につくってしまうのではなく、子どもたちといっしょになって、どうしたらいいだろうかと考え合っていきたい」という言葉があります。その保育思想はとくに、「先生の代わり」の実践によく表れていると思うのです。

もうひとつは、私がもっと知りたいところですが、この実践の背景には学習・討論、そのなかでの反省・振り返りが徹底的に行われた点ではなかったでしょうか。「ぶんなぐり保育」の実践で河本（難波）さんはこう振り返っています。「…子どもをひとりの人格として尊重するから要求するのだという保育観を学び、自信をなくしていた私も、私自身をぶんなぐって前にすすまなければと思った出来事でした」。保育者たちによるこうした議論や自己反省こそ、『レンガの子ども』の豊かな実践をつくりだす原動力になっているのではないでしょうか。

私は、『レンガの子ども』が五十年後のいまもなお、愛知の保育関係者に引き継がれ、「愛知らしさ」を作り出していると思うのです。

子どもたちのよりよい保育を願うべく、制度がなくても、あるいは不備ななかでも同僚職員の協力を得て延長・夜間保育を実践する保育者たち。豊かな子育てが厳しくなるなかで、子どもも、子どもの保護者も保育園の主人公にした「共同保育」を大切にする保育者たち。

公立と民間の垣根を越えて、共通のテーマや課題で保育者が学習・研究・運動することも「愛知らしさ」といえます。「本を積読（つんどく）している」と笑いながらも学習意欲の高い保育者たちが、子どもの発達や保育内容だけでなく、保育情勢や社会情勢も学んでいます。

今年二〇〇九年は子どもの権利条約が国連で採択されて二十年めにあたります。あらためて子どもの権利について考えるべきときにも関わらず、「子どもの貧困」という問題が私たちに重くのしかかっています。

しかし、「子どもたちのために！」と努力を惜しまない保育者の姿を私はたくさんみてきました。私は、『レンガの子ども』を引き継ぐ一人として大きな責任を感じつつ、同じ思いをもつ多くの保育者たちといっしょに、これからも学んでいこうと思います。レンガを積み上げていくように……。

保育者への恋文
―レンガから私たちが引き継ぎたいこと―

神田英雄

「ぶんなぐり保母の失恋」の話から

『レンガの子ども』（さ・さ・ら書房版、一九七四）は、私がはじめて読んだ保育実践記録のなかの一冊です。

最初の印象は、こんな世界があった！　という驚きでした。

「こんな世界」とは、人が人を信じられる世界。

「私もその一員になりたい！」という思いが、ますます強くなりました。

そのほんの少し前、私は自分の研究分野を乳幼児保育に関わる発達研究に焦点化しようと考えていました。保育合研で保育者たちの熱気に触れ、保育者が輝いて見えたあの頃、『レンガの子ども』は、私に最後の一撃を与えてくれたように思います。

その時の気持ちをお伝えするためには「レンガ」にまつわる実践事例を挙げるのがよいと思いますので、長いのを承知で、河本（旧姓・難波）ふじ江さんが名古屋保育研究会の機関紙に執筆された実践記録を、そのまま掲載させていただきます。

【ぶんなぐり保母の失恋】

「失恋」。それを確認した時、私の生活のバランスはくずれてしまったのです。全くなさけない話です。……

今日は、ついに涙腺が切れてしまって、大変な朝の会になってしまいました。誰かがぶんなぐってくれたら、目がさめるだろうと、そんな事を考えながら椅子に腰かけました。

〈十月九日　朝の集まりで〉

難　波（今日はどうしても泣けてくる。子ども達は私の仲間だ）
「先生この頃変でしょう。ボーッとして」

米　男「ゲンキ、ナイナ」

難　波「先生ね、泣きたいのよ」（泣きだす）

子ども達「ナイチャエ　ナイチャエ」

難　波「あのね、頭の中がね、グシャグシャしてたまんないの」

（ポロ、ポロ涙をだす）
子ども達（少しさわぎだす）
難　波「先生だめだね、こんなのレンガの先生じゃないね。弱虫だね。」（泣き声で言う）
「先生のこと、ひっぱたいて、ピシャピシャひっぱたいて元気つけてよ!!　ホッペのとこ、みんなでひっぱたいて」
子ども達（主に大中組の子が、バラバラッととんでくる）
「ヨシ！」（ピシャピシャ次々に先生のホッペタをたたく。十四、五人）
難　波（いたいのと、泣きたいのとで、思いっきり泣いてしまう）
ケイ子「ナクノ、ヨシヤー＊」（抱きついてくる）（＊神田注。「泣くのはよして」という意味）
子ども達（たたくのをやめる）
難　波（前に立っている子の服で涙をふく）「いいよ、もっとひっぱたいて、先生弱虫なんだから」
ケイ子（セーターで涙をふいてくれる）
西「ホッペタ、アカイナー。イタイカ」
難　波（泣きながら）
「いたくないよ、いたくないよ」
ケイ子（鏡をもってくる）

「カオミヤー、オカシイヨ、カミトカシテヤルナ」
（ケイ子が髪をといてくれる）
洋　子（泣きだす）
金　山（じっと顔を見ている）
難　波（立っている子の服で涙をふき続ける）
子ども達「ナンバー、ガンバレ、ナンバー、ガンバレ、ナンバー、ガンバレ」
（合唱しながら、全員手をふりながら調子をとってさけぶ）
難　波（保育者の感激で、また、涙が止まらない）
ケイ子（先生のそばへきて、セーターのボタンをはめてくれる）
金　山（そっとそばへきて）「シンデイカンヨ」
難　波「だいじょうぶ」（声がつまってしまう）
朝のおやつのアメを出しに事務所にいく。
子ども達（ついてくる）
しげき「ボク、クバル」（全員にアメがくばられる）
ケイ子（先生のそばへきて）「カミ、ムイテヤルナ」
（アメの紙をとってくれる）
洋　子「アメ、イランワ」

難　波「どうして？」
洋　子「センセイモ、ナクモンデ、ヨウコチャンモ、ナキタクナッタンダワ」
難　波「洋子ちゃん、先生も食べるから食べよ」
洋　子（アメ食べる）
難　波「先生ほんとに元気ないんだ。だめだ、みんなで歌うたってよ」
朴てつ、加藤利明がオルガンをひく。でたらめだが一生懸命。ゆうやけ、こやけで…。

〈十一月十一日　朝の集まりで〉
難　波「この前は泣いちゃってすみません」
子ども達「ゲンキ、ナッタ？」
難　波「ン。…みんなも元気つけてくれてありがとう。もう弱虫でなくなるよ、さあ、握手でもしようか？」
（ひとりひとりと握手する）
難　波「ありがとう。仲間だもんね。みんなも悲しいことがあった時、みんなに教えてね。難波先生、及川先生も子どもも仲間だから、元気つけっこしようね」
考えてみたら保母学校に通っている頃、「保母は常に完成された人間として子どもの前に立たなければならない」と教えられてきたはずです。気分が少しくらいわるくても、子どもの前に立った時はいつもニコニコとして明るく…。「完成された人間」？・？・？・一保育園の保育者そして子どもが仲間であるためには喜び悲しみ、怒りを人間としてぶつけ合っていく事が大切であり、本当の人間が理解できるのだということを改めて私は学んだのですが…。

（難波ふじ江「ぶんなぐり保母の失恋」、名古屋保育研究会機関紙「あしたの子ども」№18、一九六一）

泣いている保育者を見かねて「ナクノ、ヨシヤー」と抱きついてくるケイ子ちゃん。保育者のためにオルガンを弾くふたりの子ども。仲間として保育者を心から思いやる気持が、痛いほど伝わってきます。

「子ども達は私の仲間だ」と言い切れる人がいることの衝撃。子どもたちの前で泣くことのできる大人が、これほど魅力的だとはそれまで知りませんでした。

保育者にホレて、保育の研究に関わっていきたいと、私は強く思いました。

伝え合いとは、それぞれの人格を尊重すること

なぜ、これほど、保育者と子どもたちの気持ちが通じ合ったのでしょうか。

それは、「伝え合い」の思想が基本にあったからだと思います。

「伝え合い保育」は一言で言えば、子どもの人格を尊重する保育だと私は考えています。相手の人格を尊重するところにしか、伝え合いは存在しないからです。保育者が子どもたちを意のままに動かそうとして強い言葉で指示するならば、伝え合いではなく「命令」です。「決まりだから守ってね」と「きまり」をタテに子どもに迫るときは、それ以上の話し合いを拒否してルールを押しつけているのですから「命令」か「管理」です。伝え合うとは、言葉によってお互いの意思を交換し合意に基づいて行動することであり、相手の意思を尊重することは相手の人格を尊重するということです。小さくてもひとりの人格として子どもを尊重するところから、伝え合い保育は出発しています。

これを雄弁に物語っているのは、『レンガの子ども』の中にある「鉄のやくそく」という事例です（本書一二六ページ）。

六歳になった博文君は、友だちをなぐるくせがありました。なんにもしない友だちを通りすがりになぐったり、お当番の時に友だちを注意するためにすぐなぐってしまいます。

博文君の乱暴をめぐって、博文君をまじえて子どもたちと保育者とで、かなりきびしい話し合いが展開されました。そして、「もう、友だちをなぐらない」という約束ができあがります。

難波さんが「大丈夫かな、心配だな。かたいやくそくだよ」と言うと、子どもたちから「よし、石のやくそくだぞ」「コンクリートのやくそく」「鉄のやくそく」ということばが出てきます。保育者の「かたい」という言葉から、石→コンクリート→鉄と連想していくところは幼児らしくてほほえましいのですが、それは保育者の言葉を子どもたちが自分自身の言葉に置き換えて確かめ合ったことであり、話し合いが上滑りになっていないことを示しています。友だち全員と「鉄のやくそく」をした博文君は、その後、時々なぐりそうになっても友だちに注意されるとすぐやめて、「鉄のやくそく」は守られていきます。

レンガの実践にはふさわしくありませんが、「お友だちをなぐってはいけません。やくそくだよ」と保育者が注意をすることもできたかもしれません。でも、それでは保育者と子どもの約束になってしまいます。「やくそく」という言葉は使っていますが、実際は保育者の決めたルールに子どもを従わせる「命令」の柔らかい言い換えにすぎません。そこに生まれるのは、従わせる者と従う者です。これに対して「鉄のやくそく」はどうでしょうか。保育者と子どもの約束ではなく、子どもと友だち・保育者との約束です。ルールを子どもたちに提示するのではなくて、みんなの合意のもとにルールを作り出しています。結果的にできあがった約束の中には、「決まり」の条文があるのではなく、友だちがいます。

トラブルを解決する場面だけではなく、生活や遊びのすべての面で、伝え合いの思想が貫かれています。このような基本思想があるので、「レンガ」は子どもどうしを仲間にし、保育者と子どもも仲間になっていく実践となったのではないでしょうか。

仲間であることを引き継ぐ

では、思想は、どこにあるのでしょうか。

書物の中にあるのではなく、生きている人の発想や考え方、振る舞いや表情の中にこそ思想があるのだと思います。「ぶんなぐり保母の失恋」や「鉄のやくそく」の実践のなかで、思想は、難波さんと子どもたちの中にあります。

レンガの実践は、闘いの実践という側面を持っていました。災害の惨禍から子どもたちを守る闘い。父母が子どもに関心を向けきれない状況との闘い（いうまでもないことですが、「父母との闘い」ではありません）。保育所建設の闘い。東京に職場をもっていた二人の保育者が、周囲の応援があったとはいえ、新幹線もない時代に、泥沼に建った小屋のような保育所に赴任するために、遠く離れた名古屋までやってきた、そのこと自体、ご自分の心との闘いであったはずです。

お二人の行動に熱い情熱と強い意志があったことは言うまでもありませんが、闘うためには、二人の力だけでは難しかったことでしょう。ヤジエセツルメント活動に参加してきたたくさんの学生たち、研究者たち、共に保育所建設運動に取り組んだ父母のみなさん、小さい仲間である子どもたち。たくさんの仲間の力が結びついて、一つひとつの闘いに結果を出していきました。その結びつきの絆は、一人ひとりに内面化された思想であったと思うのです。

レンガの保育者の情熱は、むき出しの強さではありません。内面化された思想に裏打ちされた深い人間性です。だからこそ、人々の結びつきの要として活躍できたのではないでしょうか。

河本さんがほしざき保育園の園長をされていたとき、若い保育者が誤解にもとづく苦情に苦しんだことがありました。私が「だいじょうぶ?」とたずねると、彼女は、「うん。園長先生の顔を見るだけで元気が出るから」と答えました。ほしざき保育園時代にも、河本さんの存在は、まわりの人たちを励まし続けていました。

私にも小さな、けれども印象に残る思い出があります。自分の学生のために、はじめて河本さんに講演をお願いしたときのことです。ほしざき保育園を訪問すると、保育室を掃除していた河本さんは、ほうきを手にしたまま「神田先生、いいですよ。いつでも」と快く返事をしてくださいました。私にとって、河本さんは大先輩でヒロインです。そんな河本さんに「先生」と呼ばれて、びっくり驚いてしまいました。レンガの子どもたちと同世代の私です。そのような存在を「先生」と呼んでくださるのですか? 驚きのあとで、考えさせられました。レンガの時代、たくさんの仲間がいました。その中には学生も大学の先生も、さまざまな立場の人がいたはずです。その人たちは、上下の区別なく同じ地面に立っていて、「学生」や「先生」というのは、たんなる立場のちがいを表す言葉にすぎなかったはずです。「先生」と言われてびっくりした私のほうこそ、ちっぽけなことにこだわっていたのではないだろうか、と思いました。そして、レンガの実践で生み出されてきた、人を平等に尊重して仲間として受け入れる大らかな温かさに、ほんの一瞬、ふれたような気がしたものです。

レンガの実践のあと、原田さんはあゆみ共同保育所で働き、河本さんはみどり子どもセンターの主任保育士を経て、みよし保育園の建設に携わり園長に就任されます。みよし保育園は父母と保育者の手で創られた、共同保育所を母体として設立された認可保育園です。ヤジエの時には最終的にはやりきれなかった「ほんとうの保育園を作ろう」を、けっきょくは実現していきました。同じ頃、同じような思いを持ったたくさんの人たちの手によって、愛知県内に共同保育所が次々とつくられました。それぞれはやがて認可園へと発展し、愛知県小規模保育所連合会を結成していきます。愛知県小規模保育所連合会は、数知れぬ後輩保育者つまり「仲間」を育て、多くの実践と実践研究を発信していきました。それらの実践はさらに、全国の仲間と結びつくことによって、子どもの人格を尊重する保育をつくる原動力のひとつになってきました。「ほんとうの保育園」は、今、日本全体に存在しています。

「仲間はずれ」という言葉があるように、仲間は閉鎖的になると人を苦しめます。しかし、レンガの時代、「仲間」は人が人を尊重し、大切に思い、いっしょに歩いていく輝きを持った言葉でした。「いじめ」が常態化した現在、その輝きを取り戻したいと切に願います。

レンガのお二人の保育者は、ヤジエの子どもたちを保育するために東京から名古屋に来られました。それは、ヤジエの子どもたちと仲間になるため。ヤジエの周りにたくさんの仲間をつくるため。そして、日本中のたくさんの仲間と結びつくため。

河本さん、原田さん。私たちは仲間です。全国で子どものために一生懸命に働いている人たち、まだ出会っていない人たちも、保育を夢見て学んでいる保育学生たちも、信じることのできる仲間です。

今の仲間とこれからの仲間と、みんなでいっしょに歩き続けていきたいと思います。

あとがき

一九六二年に光風社『レンガの子ども』を出版しました。そのときのあとがきを読み返すと、伊勢湾台風直後、ニュースで伝えられる被災者の悲惨な様子を遠くはなれた東京で見たとき「また日本に不幸が増えた」と胸を痛めたものでした。

しかし一歩そのぬかるみに足を踏み入れた私たちの前に、これでもか、これでもかと冷厳な現実のかずかずが現れたとき改めて私たちは日本の不幸の根深さを知り肌身で感じたのです。そして底なし沼のような生活の中から立ち上がっていく人間の無限のエネルギーに目を見張りその逞しさにいく度か驚嘆したのです。こうして今過去を振りかえってみたとき、あれも、これも、書きたいことばかりで、すべてを伝えきれない、いらだたしさを感じています――と書いてあり、これは五十年たった今も同じ思いです。

伊勢湾台風から五十年目という節目にこの災害の事実を風化させたくないと考えていた矢先、宍戸健夫先生から「今まとめるのはあなたの仕事ですよ」とまた背中をおされてペンを取りました。宍戸先生の序文、そして桜花学園大学教授の神田英雄先生も「保育者への恋文」と題して素晴らしい原稿をおよせくださいました。また伊勢湾台風をまったく知らない若い世代の研究者、東海医療福祉専門学校の中村強士さんもすいせんの言葉をくださいました。ありがとうございました。

そして、ひとなる書房の社長名古屋研一さんが『レンガの子ども』の出版計画を立ててくださり精力的に出版にこぎつけてくださいました。感謝申し上げます。

原田嘉美子さんは晩年文化活動に力を注ぎ、生け花や日舞、働くものの文化を愛知で広める活動をされました。圡方弘子さんは保育士養成大学で教鞭を執られました。

原田さん圡方さん、ヤジエの子どもたち父母の皆さん学生たちと過ごした青春は、私の宝物です。私がその後も保育の道一筋に歩んでこれたのは、いつもいつも素晴らしい仲間に恵まれたからです。心から感謝いたしております。

河本　ふじ江

＊本書出版に当たって
光風社「レンガの子ども　ぶんなぐり保母の記録」原田嘉美子・難波ふじ江　一九六二年
名古屋保育問題研究会編「レンガの子ども」一九六三年
さ・さ・ら書房「レンガの子ども　愛知県名古屋市・ヤジエセツルメント保育の実践」原田嘉美子・河本ふじ江　一九七四年より抜粋しまとめました。

河本ふじ江（かわもとふじえ）
1934年東京都生まれ。東京都品川区、緑の家保育園に勤務。1960年伊勢湾台風災害地での保育にあたるため、名古屋に転居。ヤジエセツルメント保育所での保育にあたる。その後、みどり子どもセンター、みよし保育園園長、ほしざき保育園園長を経て、現在社会福祉法人名南子どもの家理事長。名古屋短期大学、三重大学教育学部、みずほ短期大学講師。日本ホリスティック乗馬協会　げんき牧場会員
著書『レンガの子ども』共著、光風社及びささら書房　『乳幼児の世界』分担執筆、鳩の森書房　『乳幼児のあそび』分担執筆、ミネルヴァ書房　絵本『ねこのはなし』絵本『うまのはなし』など。

原田嘉美子（はらだかみこ）
1934年岩手県生まれ。東京都北区、豊川保育園勤務。1960年伊勢湾台風災害地での保育にあたるため名古屋に転居。ヤジエセツルメント保育所での保育にあたる。その後、井戸田愛児園、あゆみ共同保育所保母として勤務。1970年体調を崩し、保育現場から退く。暁女子短期大学非常勤講師として14年間勤務。1971年生活をいける華道「華原の会」創設、初代家元に就く。また、「民族舞踊研究かすりの会」創始、「伝統芸能　はらた・かみこの会」主催。1994年名古屋市文化使節団としてスペインへ渡航、1996年エジプトに1年間滞在、生け花講座を開講。2006年脳幹出血で倒れ、以後自宅療養、現在に至る。
著書『レンガの子ども』共著、光風社及びささら書房　『0歳児集団の発見』風媒社『種をまく』『感動こそいのち』『還暦を越えて』いずれも、みずほ出版

宍戸健夫（ししどたけお）　愛知県立大学名誉教授
中村強士（なかむらつよし）　東海医療福祉専門学校
神田英雄（かんだひでお）　桜花学園大学教授

レンガの子ども

2009年8月6日　初版発行

著　者　河　本　ふじ江
発行者　名古屋　研　一

発行所　㈱ひとなる書房
東京都文京区本郷２－17－13
電　話03（3811）1372
ＦＡＸ03（3811）1383
E-mail：hitonaru@alles.or.jp